# El libro de la mujer

# OSHO

# El libro de la mujer

## Sobre el poder de lo femenino

Traducción de José Ignacio Moraza

**Grijalbo**

Título original: *The Book of Women*

Primera edición en U.S.A.: octubre, 2004

© 1996, Osho International Foundation, www.osho.com
  Todos los derechos reservados
  Publicado por acuerdo con Osho International Foundation, Bahnhofstr. 52, 8001 Zúrich, Suiza
© 1999, Random House Mondadori, S. A.
  Travessera de Gràcia, 47-49. 08021 Barcelona
© 1999, José Ignacio Moraza, por la traducción

El material de este libro ha sido seleccionado entre varias de
las charlas dadas por Osho ante una audiencia durante un
período de más de treinta años.
Todos los discursos de Osho han sido publicados íntegramen-
te en inglés y están también disponibles en audio. Las graba-
ciones originales de audio y el archivo completo de textos se
puede encontrar on-line en la biblioteca de la www.osho.com.

Osho® es una marca registrada de Osho International

Printed in Spain – Impreso en España

ISBN: 0-307-20959-8

Distributed by Random House, Inc.

# Sumario

Todas las secciones provienen
de charlas espontáneas
de Osho

# Introducción

*Como hombre, ¿cómo puedes hablar de la psique femenina?*

NO HABLO como hombre, no hablo como mujer. No hablo como mente. Uso la mente, pero hablo como conciencia, como testigo consciente. Y la conciencia no es ni él ni ella, la conciencia no es ni hombre ni mujer. Tu cuerpo tiene esa división, y también tu mente, porque tu mente es la parte interna de tu cuerpo, y tu cuerpo es la parte externa de tu mente. Tu cuerpo y tu mente no están separados; son una entidad. De hecho, no es correcto hablar de cuerpo y mente; no se debería usar «y». Eres cuerpomente, sin siquiera un guión entre los dos.

Por eso, al hablar del cuerpo, de la mente: «masculino», «femenino», estas palabras son relevantes, significativas. Pero hay algo más allá de ambos; hay algo trascendental. Ese es tu centro real, tu ser. Ese ser consiste sólo de conciencia, es un testigo, alerta. Es pura conciencia.

No estoy hablando aquí como hombre; si no, es imposible hablar de la mujer. Estoy hablando como conciencia. He vivido muchas veces en un cuerpo femenino y he vivido muchas veces en un cuerpo masculino, lo he presenciado todo. He visto todas las casas, he visto todas las vestimentas. Lo que te digo es la conclusión de muchas, muchas vidas; no sólo tiene que ver con esta vida. Esta vida es sólo la culminación de un largo peregrinaje.

Así que no me escuches como hombre o como mujer; si no, no me estarás escuchando. Escúchame como conciencia[1].

---

[1] *The Dhammapada: The Way of the Buda,* volumen 8, capítulo 12.

# Capítulo 1
# Mujer

*Me da la sensación de que eres en verdad el primer
hombre de este planeta que realmente comprende a
las mujeres y las acepta. Por favor, comenta*

Os HE DICHO que a la mujer hay que amarla, no comprenderla.
Eso es lo primero que hay que comprender. La vida es tan
misteriosa que nuestras manos no pueden alcanzar sus cimas,
nuestros ojos no pueden observar su misterio más profundo.
Comprender cualquier expresión de la existencia –los hombres o
las mujeres o los árboles o los animales o los pájaros– es la función de la ciencia, no la de un místico. Yo no soy un científico.
Para mí, la ciencia misma es un misterio, y ahora los científicos
han empezado a darse cuenta de ello. Están abandonando su vieja
actitud obstinada y supersticiosa de que un día sabrán todo lo que
se puede saber.

Con Albert Einstein, la historia entera de la ciencia ha tomado
una ruta muy diferente, porque cuanto más penetró en el núcleo
de la materia, más perplejo se fue quedando. Toda la lógica quedó
atrás, toda la racionalidad quedó atrás. No puedes dar órdenes a la
existencia, porque no sigue tu lógica. La lógica es un producto humano. Llegó un punto en la vida de Albert Einstein en que recuerda que estaba dudando si debía insistir en ser racional... pero eso
sería estúpido. Sería humano, pero no inteligente. Incluso si insistes en la lógica, en la racionalidad, la existencia no va a cambiar de
acuerdo con tu lógica; tu lógica tiene que cambiar de acuerdo con

la existencia. Y cuanto más profundizas, la existencia se vuelve más y más misteriosa. Y llega un punto en que tienes que abandonar la lógica y la racionalidad y simplemente escuchar a la naturaleza. Yo lo llamo el entendimiento supremo, pero no en el sentido corriente de entendimiento. Lo sabes, lo sientes, pero no hay manera de decirlo.

El hombre es un misterio, la mujer es un misterio, todo lo que existe es un misterio, y todos nuestros esfuerzos para comprenderlo van a fracasar.


Recuerdo a un hombre que estaba comprando un regalo para su hijo en una tienda de juguetes por Navidad. Era un conocido matemático, así que, naturalmente, el dependiente le trajo un rompecabezas. El matemático trató de resolverlo... era un bello rompecabezas. Lo intentó y lo intentó y lo intentó, y empezó a sudar. La situación se estaba volviendo incómoda. Los clientes y los vendedores y el dependiente estaban mirando, y él no lograba resolver el rompecabezas. Finalmente, abandonó la idea y gritó al dependiente: «Soy matemático, y si ni siquiera yo puedo resolver el rompecabezas, ¿cómo cree que va a poder mi hijo pequeño?»

El dependiente dijo: «Usted no comprende. Está hecho de tal manera que nadie puede resolverlo, matemático o no matemático.»

El matemático dijo: «Pero, ¿por qué lo han hecho así?»

El dependiente dijo: «Está hecho de esa forma para que el muchacho empiece a comprender desde el principio que la vida no se puede resolver, no se puede comprender.»


Puedes vivirla, puedes regocijarte en ella, puedes hacerte uno con el misterio, pero la idea de comprender como observador no es posible en absoluto.

Yo mismo no comprendo. El mayor misterio para mí soy yo mismo. Pero te puedo dar unas cuantas pistas:

Un psiquiatra es un tipo que te hace muchas preguntas muy caras que tu esposa te hace gratis.

La clave de la felicidad: puedes hablar de amor y de ternura y de pasión, pero el verdadero éxtasis es descubrir que no has perdido las llaves después de todo.

Las mujeres comienzan resistiéndose a las tentativas del hombre y acaban bloqueando su retirada.

Si quieres que una mujer cambie de idea, muéstrate de acuerdo con ella.

Si quieres saber lo que realmente piensa una mujer, mírala; no la escuches.


La señora se acercó al policía y le dijo: «Oiga, ese hombre de la esquina me está molestando.»

«He estado observando todo el tiempo –dijo el poli– y ese hombre ni siquiera la ha mirado.»

«Y, bueno –dijo la mujer–, ¿no es eso molesto?»


Un joven romántico se volvió a la bella joven que había en su cama y le preguntó: «¿Soy el primer hombre con el que has hecho el amor?»

Ella pensó un momento y luego dijo: «Es posible, tengo una memoria horrible para las caras.»


Todo es misterioso: es mejor disfrutarlo en vez de tratar de comprenderlo. Al final, el hombre que sigue tratando de comprender la vida resulta ser un tonto, y el hombre que disfruta la vida se vuelve sabio y sigue disfrutando la vida, porque se hace más y más consciente del misterio que nos rodea.

El mayor entendimiento es saber que no se puede comprender

nada, que todo es misterioso y milagroso. Para mí, ese es el inicio de la religión en tu vida[1].


*Por favor, ¿podrías explicar cuáles son las verdaderas diferencias entre los hombres y las mujeres?*

La mayoría de las diferencias entre los hombres y las mujeres se deben a miles de años de condicionamiento. No son fundamentales por naturaleza, pero hay unas pocas diferencias que les dan una belleza única, individualidad. Esas diferencias se pueden contar muy fácilmente.

Una de ellas es que la mujer es capaz de producir vida; el hombre no lo es. En ese aspecto, él es inferior, y esa inferioridad ha jugado un gran papel en el dominio de las mujeres por el hombre. El complejo de inferioridad funciona de esta manera: pretende ser superior para engañarse a sí mismo y para engañar al mundo entero. Por eso, a lo largo de los siglos el hombre ha estado destruyendo la genialidad, el talento, las capacidades de la mujer, para, de esta forma, poder probar que él es superior, ante sí mismo y ante el mundo.

A causa de que la mujer da a luz, durante nueve meses o más permanece absolutamente vulnerable, dependiente del hombre. Los hombres han explotado esto de una forma muy fea. Y esa es una diferencia fisiológica; da exactamente igual.

La psicología de la mujer ha sido corrompida por el hombre diciéndole cosas que no son ciertas, convirtiéndola en una esclava del hombre, reduciéndola a la categoría de ciudadano secundario del mundo. Y la razón de ello es que él es más poderoso muscularmente. Pero el poder muscular es parte de la animalidad. Si es eso lo que va a decidir la superioridad, entonces cualquier animal es más musculoso que un hombre.

Pero las verdaderas diferencias existen ciertamente, y tenemos

---

[1] *The Great Pilgrimage: From Here to Here*, cap. 2.

que buscarlas detrás del montón de diferencias inventadas. Una diferencia que veo es que una mujer es más capaz de amor que un hombre. El amor del hombre es más o menos una necesidad física; el amor de la mujer, no. Es algo más grande y más elevado, es una experiencia espiritual. Por eso, la mujer es monógama y el hombre es polígamo. Al hombre le gustaría tener a todas las mujeres del mundo, y aun no estaría contento con ello. Su insatisfacción es infinita.

La mujer puede sentirse satisfecha con un amor, absolutamente satisfecha, porque no mira el cuerpo del hombre, mira sus cualidades más profundas. No se enamora de un hombre que tiene un hermoso cuerpo musculoso, se enamora de un hombre que tiene carisma —algo indefinible, pero inmensamente atractivo—, que es un misterio a explorar. No quiere que su hombre sea tan sólo un hombre, sino una aventura en el descubrimiento de la conciencia.

El hombre es muy débil en lo concerniente a la sexualidad; sólo puede tener un orgasmo. La mujer es infinitamente superior; puede tener orgasmos múltiples. Y este ha sido uno de los asuntos más molestos. El orgasmo del hombre es local, confinado a los genitales. El orgasmo de la mujer es total, no está confinado a los genitales. Todo su cuerpo es sexual, y puede tener una bella experiencia orgásmica mil veces mayor, más profunda, más enriquecedora, más nutritiva que la que puede tener un hombre.

Pero la tragedia radica en que todo su cuerpo tiene que ser excitado, y el hombre no está interesado en ello, nunca ha estado interesado en ello. Ha utilizado a la mujer como una máquina sexual para aliviar sus propias tensiones sexuales. En cuestión de segundos ya ha terminado. Y para cuando ha terminado, la mujer ni siquiera ha comenzado. En cuanto el hombre termina de hacer el amor, se da la vuelta y se duerme. El acto sexual le ayuda a dormir bien, más relajado, con todas las tensiones liberadas en la actividad sexual. Y toda mujer ha llorado y gemido cuando ha visto esto. Ella ni siquiera ha comenzado, no se ha movido. Ha sido utilizada, y eso es lo más feo que hay en la vida: cuando se te utiliza como una cosa, como un mecanismo, como un objeto. Ella no puede perdonar al hombre por utilizarla.

Para hacer que también la mujer sea una compañera orgásmica, el hombre tiene que aprender juegos preliminares, tiene que aprender a no tener prisa por ir a la cama. Tiene que convertir hacer el amor en un arte. Pueden tener un lugar –un templo de amor– en donde se queme incienso, sin luces fuertes, sólo velas. Y él debería acercarse a la mujer cuando esté en un estado bello, alegre, para poder compartirlo con ella. Lo que sucede normalmente es que los hombres y las mujeres se pelean antes de hacer el amor. Eso envenena el amor. El amor es una especie de tratado de paz que dice que la lucha ha terminado, al menos por una noche. Es un soborno, es una trampa.

Un hombre debería hacer el amor de la misma forma que pinta un pintor –cuando siente que un vivo deseo llena su corazón– o como un poeta compone poesía, o como un músico toca música. El cuerpo de la mujer debería ser tratado como un instrumento musical; lo es. Cuando el hombre se siente alegre, entonces el sexo no es simplemente una descarga de la tensión, una relajación, un método para dormir. Entonces hay juego preliminar. Él baila con la mujer, canta con la mujer, con la hermosa música que vibra en el templo del amor, con el incienso que les gusta. Debería ser algo sagrado, porque no hay nada sagrado en la vida corriente a no ser que hagáis sagrado el amor. Y eso será el comienzo de la apertura de la puerta a todo el fenómeno de la supraconciencia.

El amor nunca debería ser forzado, nunca debería intentarse. No debería estar en la mente en absoluto. Estáis jugando, bailando, cantando, disfrutando... es parte de esta prolongada alegría. Si sucede, es bello. Cuando el amor sucede, tiene belleza. Cuando se hace que suceda, es feo.

Y cuando haces el amor con el hombre encima de la mujer... se conoce esto como la postura del misionero. Oriente se dio cuenta de esa fealdad, ya que el hombre es más pesado, más alto y más musculoso; está aplastando a un ser delicado. En Oriente siempre se ha hecho de la manera opuesta: la mujer encima. Aplastada bajo el peso del hombre, la mujer no tiene movilidad. Sólo se mueve el hombre, de manera que llega al orgasmo en unos segundos, y la mujer simplemente llora. Ha sido parte de ello, pero no ha tomado parte en ello. Ha sido utilizada.

Cuando la mujer está encima, tiene más movilidad, el hombre tiene menos movilidad, y eso hará que los orgasmos de ambos se acerquen más. Y cuando ambos entran en la experiencia orgásmica al mismo tiempo, es algo del otro mundo. Es la primera visión del *samadhi,* es cuando ves por vez primera que el ser humano no es el cuerpo. Se olvida el cuerpo, se olvida el mundo. Tanto el hombre como la mujer entran en una nueva dimensión que nunca habían explorado.

La mujer tiene capacidad para tener orgasmos múltiples, por lo que el hombre tiene que ser lo más lento posible. Pero la realidad es que tiene tanta prisa en todo que destruye toda la relación. Debería estar muy relajado, para que la mujer pueda tener orgasmos múltiples. El orgasmo del hombre debería llegar al final, cuando el orgasmo de la mujer ya ha alcanzado su cima. Es una simple cuestión de entendimiento.

Estas son diferencias naturales, no tienen nada que ver con el condicionamiento. Hay otras diferencias. Por ejemplo, una mujer está más centrada que un hombre... Es más serena, más silenciosa, más paciente, es capaz de esperar. Quizá a causa de estas cualidades, la mujer tiene más resistencia a las enfermedades y vive más que el hombre. A causa de su serenidad, su delicadeza, puede traer una plenitud inmensa a la vida del hombre. Puede rodear la vida de un hombre de una atmósfera muy relajante, muy cálida. Pero el hombre tiene miedo, no quiere estar rodeado por la mujer, no quiere dejarle que cree su calidez cariñosa en torno a él. Tiene miedo, porque de esa forma se volverá dependiente. Así que, durante siglos, ha estado manteniéndola a distancia. Y tiene miedo porque en lo profundo de sí sabe que la mujer es más que él. Ella puede dar nacimiento a la vida. La naturaleza la ha elegido a ella para reproducir, no al hombre.

La función del hombre en la reproducción es casi nula. Esta inferioridad ha creado el mayor problema, el hombre ha empezado a cortar las alas de la mujer. Ha empezado a reducirla y condenarla de todas las maneras, para al menos poder creer que él es superior. El hombre ha tratado a la mujer como si fuera ganado, incluso peor. En China, durante cientos de años, se consideraba que la mujer no tenía alma, de forma que el marido podía matarla y la ley no interfería. La mujer era posesión del marido. Si él quería destruir sus muebles, no era ilegal. Si quería destruir a su mujer, no era ilegal. Este es el insulto supremo: que la mujer no tiene alma.

El hombre ha privado a la mujer de educación, de independencia económica. La ha privado de movilidad social porque tiene miedo. Sabe que ella es superior, sabe que ella es bella, sabe que darle independencia creará peligro. Por eso, durante siglos la mujer no ha tenido independencia. La mujer musulmana tiene que llevar la cara tapada, para que nadie, excepto su marido, pueda ver la belleza de su rostro, la profundidad de sus ojos.

En el hinduismo, la mujer tenía que morir cuando moría su marido. ¡Qué celos tan enormes! La has poseído durante toda tu vida, e incluso quieres poseerla después de la muerte. Tienes miedo. Ella es hermosa, y cuando tú ya no estés, ¿quién sabe? Puede que encuentre otro marido, quizá mejor que tú. Así que el sistema del *sati* ha permanecido durante miles de años, el fenómeno más feo que uno pueda imaginar.

El hombre es muy egoísta. Por eso lo llamo chovinista, machista. El hombre ha creado esta sociedad, y en esta sociedad no hay lugar para la mujer. ¡Y ella tiene tremendas cualidades propias! Por ejemplo, si el hombre tiene la posibilidad de la inteligencia, la mujer tiene la posibilidad del amor. Esto no significa que ella no pueda tener inteligencia; puede tenerla, simplemente hay que darle la posibilidad de que la desarrolle. Pero el amor es algo con lo que ha nacido, ella tiene más compasión, más dulzura, más comprensión... El hombre y la mujer son dos cuerdas de una misma arpa, pero ambos sufren cuando están separados el uno del otro. Y como están sufriendo y no saben por qué, empiezan a vengarse el uno del otro.

La mujer puede aportar una ayuda inmensa para crear una sociedad orgánica. Ella es diferente del hombre, pero a un nivel igual. Ella es tan igual a un hombre como cualquier otro hombre. Ella tiene talentos propios que son absolutamente necesarios. No es suficiente ganar dinero, no es suficiente llegar a tener éxito en el mundo; es más necesario un bello hogar, y la mujer tiene la capacidad de transformar cualquier casa en un hogar. Ella lo puede llenar de amor; ella tiene esa sensibilidad. Ella puede rejuvenecer al hombre, ayudarle a relajarse.

En los *Upanishads* hay una bendición muy extraña dedicada a las nuevas parejas. Una nueva pareja acude al vidente de los *Upanishads* y éste les da su bendición. A la chica le dice específicamente: «Espero que llegues a ser madre de diez niños y que, finalmente, tu marido sea tu onceavo hijo. Y a no ser que te hagas la madre de tu marido, no habrás triunfado como esposa verdadera.» Es muy extraño, pero tiene una inmensa profundidad psicológica, porque esto es lo que descubre la psicología moderna, que todo hombre está buscando a su madre en la esposa, y toda mujer está buscando a su padre en el marido.

Es por eso que todos los matrimonios fracasan: no es posible encontrar a tu madre. La mujer con la que te has casado no ha venido a tu casa para ser tu madre, quiere ser tu esposa, una amante. Pero la bendición de los *Upanishads*, que tiene casi cinco o seis mil años de antigüedad, ofrece una visión similar a la de la psicología moderna. Una mujer, quienquiera que sea, es básicamente una madre. El padre es una institución inventada, no es natural... Pero la madre seguirá siendo indispensable. Se han probado ciertos experimentos: han dado a los niños todo tipo de facilidades, medicación, toda la comida... toda perfección proveniente de diferentes ramas de la ciencia, pero, extrañamente, los niños siguen encogiéndose y mueren en tres meses. Entonces descubrieron que el cuerpo de la madre y su calidez son absolutamente necesarios para que crezca la vida. Esa calidez en este enorme universo frío es absolutamente necesaria al principio, de otra forma el niño se sentirá abandonado. Se encogerá y morirá...

No hay necesidad de que el hombre se sienta inferior a la mujer. Toda esa idea surge porque pensáis en el hombre y en la mujer como dos especies distintas. Pertenecen a una misma humanidad, y ambos tienen cualidades complementarias. Ambos se necesitan mutuamente, y sólo cuando están juntos están enteros... La vida hay que tomársela con calma. Las diferencias no son contradicciones. Pueden ayudarse mutuamente y realzarse inmensamente. La mujer que te ama puede realzar tu creatividad, puede inspirarte a alcanzar cimas que nunca has soñado. Y ella no te pide nada. Simplemente quiere tu amor, que es su derecho básico.

La mayoría de las cosas que hacen diferentes a los hombres y a las mujeres son condicionales. Las diferencias deberían mantenerse porque hacen a los hombres y a las mujeres atractivos mutuamente, pero no deberían utilizarse como reprobaciones. Me gustaría que ambos se hicieran un todo orgánico, permaneciendo al mismo tiempo absolutamente libres, porque el amor nunca crea ataduras, da libertad. Entonces podremos crear un mundo mejor. A la mitad del mundo se le ha negado su contribución, y esa mitad, las mujeres, tiene una inmensa capacidad para contribuir al mundo. Lo hubiera convertido en un bello Paraíso.

La mujer debería buscar en su propia alma su propio potencial y desarrollarlo, y tendrá así un hermoso futuro. El hombre y la mujer no son ni iguales ni desiguales, son únicos. Y el encuentro de dos seres únicos trae algo milagroso a la existencia[2].

---

[2] *The Sword and the Lotus*, cap. 5.

# Capítulo 2

# La historia es la del hombre[1]

*En* El profeta, *de Khalil Gibran, una mujer pide a Almustafa que hable sobre el dolor. ¿Podrías comentar este fragmento?*

*Y una mujer habló, diciendo «Háblanos del dolor».*
*Y Almustafa dijo:*
*Tu dolor es la ruptura del caparazón*
*que encierra tu entendimiento.*
*Así como el hueso del fruto debe romperse*
*para que su núcleo pueda exponerse al sol,*
*así tú debes conocer el dolor.*
*Y si pudieras mantener tu corazón maravillado*
*ante los milagros diarios de tu vida,*
*tu dolor no te parecería menos maravilloso que tu alegría.*
*Y aceptarías las estaciones de tu corazón,*
*así como siempre has aceptado las estaciones*
*que pasan sobre tus campos.*
*Y observarías con serenidad*
*a través de los inviernos de tu sufrimiento.*
*Gran parte de tu dolor es tu propia elección.*

---

[1] En el original: *His Story*. Juego de palabras intraducible al castellano. El sustantivo *History* (historia, en el sentido de texto que recoge sucesos significativos del pasado de la colectividad) se descompone en el adjetivo posesivo masculino singular *His* y el sustantivo *Story* (historia, en el sentido de relato). *(N. del T.)*

*Es una poción amarga*
*con la que el médico que hay en ti cura tu ser enfermo.*
*Por lo tanto, confía en el médico,*
*y bebe su remedio con silencio y tranquilidad:*
*porque su mano, aunque pesada y dura,*
*está guiada por la mano tierna de lo invisible,*
*y el cáliz que trae,*
*aunque quema tus labios,*
*ha sido hecho del barro*
*que el Alfarero ha humedecido*
*con Sus propias lágrimas sagradas.*

PARECE muy difícil, incluso para un hombre del calibre de Khalil Gibran, olvidar una actitud machista profundamente arraigada. Digo esto porque las afirmaciones de Almustafa son correctas en cierta forma, pero, sin embargo, olvidan algo muy esencial.

Almustafa olvida que la pregunta la ha hecho una mujer, y su respuesta es muy general, aplicable tanto al hombre como a la mujer. Pero la verdad es que el dolor y el sufrimiento que han padecido las mujeres del mundo es mil veces mayor que el que ha conocido el hombre. Por eso digo que Almustafa está respondiendo la pregunta, pero no a quien la formula. Y a no ser que se responda a quien pregunta, la respuesta es superficial, no importa lo profunda que pueda sonar... La respuesta parece académica, filosófica.

No tiene en consideración lo que el hombre ha hecho a la mujer, y no es cuestión de un día, sino de miles de años. Almustafa ni siquiera lo menciona. Al contrario, continúa haciendo lo mismo que los sacerdotes y los políticos han estado haciendo siempre, ofreciendo frases de consuelo. Detrás de las bellas palabras no hay nada más que consuelos. Y los consuelos no pueden ser un sustituto de la verdad.

*Y una mujer habló...*

¿No es extraño que de toda esa entera multitud ningún hombre pregunte acerca del dolor? ¿Es puramente accidental? No, absolutamente no. Es muy significativo que una mujer haya hecho la pregunta *Háblanos del dolor,* porque solamente la mujer sabe cuántas heridas ha estado llevando, cuánta esclavitud –física, mental y espiritual– ha estado sufriendo y continúa aún sufriendo.

La mujer está sufriendo en el centro más profundo de su ser. Ningún hombre sabe lo profundo que puede entrar en ti el dolor y destruir tu dignidad, tu orgullo, tu humanidad misma.

Almustafa dice: *Tu dolor es la ruptura del caparazón que encierra tu entendimiento.*

Una afirmación muy pobre, tan superficial que a veces me avergüenzo de Khalil Gibran. Cualquier idiota puede decirlo. No está a la altura de Khalil Gibran: *Tu dolor es la ruptura del caparazón que encierra tu entendimiento.* Es una afirmación muy simple y general.

*Así como el hueso del fruto debe romperse para que su núcleo pueda exponerse al sol, así tú debes conocer el dolor.* Odio esta afirmación. Está apoyando la idea de que debes pasar por el dolor. Es un truismo, pero no una verdad. Es muy objetivo, una semilla tiene que pasar por un gran sufrimiento, porque a no ser que la semilla muera en ese sufrimiento, el árbol nunca nacerá, y el gran follaje y la belleza de las flores nunca llegarán a existir. Pero ¿quién recuerda a la semilla y su valor para morir para que pudiera nacer lo desconocido?

También es verdad que si ...*el caparazón que encierra tu entendimiento...* atraviesa el sufrimiento, se rompe, da la libertad a tu entendimiento, habrá cierto dolor. Pero ¿qué es el caparazón? Así es como los poetas han evitado las crucifixiones; él debería haber explicado qué es el caparazón: todos tus conocimientos, todos tus condicionamientos, el proceso entero de tu formación, tu educación, tu sociedad y civilización, todo ello constituye el caparazón que te mantiene a ti, y a tu entendimiento, aprisionados. Pero él no menciona una sola palabra respecto a lo que quiere decir con «caparazón».

Gautama el Buda es un hombre; sus grandes discípulos –Mahakashyap, Sariputta, Moggalayan– son todos hombres. ¿No había ni una sola mujer que pudiese haber alcanzado el mismo nivel de conciencia? Pero el mismo Gautama Buda negaba la iniciación a las mujeres, como si no fueran una especie de la humanidad sino de algún estado subhumano. ¿Para qué molestarse por ellas? Primero, que logren llegar a ser hombres.

La afirmación de Gautama Buda es que el hombre es la encrucijada desde la que puedes ir a cualquier parte: a la iluminación, a la libertad suprema. Pero a la mujer no la menciona en absoluto. Ella no es una encrucijada, sino tan sólo una calle oscura en la que ninguna corporación municipal ha puesto ni siquiera luces; no conduce a ninguna parte. El hombre es una autopista. Así que primero deja que la mujer venga a la autopista, que llegue a ser un hombre, que nazca en el cuerpo de hombre, entonces habrá alguna posibilidad de que se ilumine.

Dice Almustafa ...*así tú debes conocer el dolor*. Pero ¿para qué? Si la mujer no se puede iluminar, ¿para qué tiene que pasar por el dolor? Ella no es oro, así que atravesar el fuego de esa forma no va a hacerla más pura.

*Y si pudieras mantener tu corazón maravillado ante los milagros diarios de tu vida, tu dolor no te parecería menos maravilloso que tu alegría...* Es verdad, pero a veces la verdad puede ser muy peligrosa, un arma de dos filos. Por un lado, protege, por el otro destruye. Es verdad que si mantienes el asombro en tus ojos te sorprenderá saber que incluso el dolor tiene su propia dulzura, su propio milagro, su propia alegría. No es menos maravilloso que la alegría misma. Pero lo extraño es que la mujer siempre es más como un niño, siempre está más llena de asombro que el hombre. El hombre siempre va en busca de conocimientos, y ¿qué son los conocimientos? Los conocimientos son simplemente un medio de librarse del asombro. La ciencia entera está tratando de resolver el misterio de la existencia, y la palabra «ciencia» significa conocimientos. Y es un hecho muy simple que cuanto más sabes, menos te asombras y te maravillas...

Según vas haciéndote mayor, pierdes la sensibilidad para el asombro, te vas embotando más y más. Pero la razón de ello es que ahora lo sabes todo. No sabes nada, pero ahora tu mente está llena de conocimientos cogidos de aquí y de allá, y ni siquiera has pensado que debajo de todo eso no hay más que oscuridad e ignorancia...

Almustafa no menciona el hecho de que las mujeres siempre permanecen más como los niños que los hombres. Eso es una parte de la belleza de las mujeres, su inocencia; no saben. El hombre no les ha permitido que sepan nada. Saben pequeñas cosas –acerca de mantener la casa y la cocina y cuidar a los hijos y al marido–, pero esas no son cosas que puedan impedir que... Esos no son grandes conocimientos; pueden ser puestos de lado muy fácilmente.

Por eso, cuando una mujer viene a escucharme, me oye más profundamente, más íntimamente, más amorosamente. Pero cuando un hombre viene a oírme por primera vez, pone mucha resistencia, está muy alerta, tiene miedo de que le pueda influir, de que le hiera si sus conocimientos no se ven respaldados. O, si es muy astuto, va interpretando todo lo que digo según sus propios conocimientos, y dirá: «Ya sé todo eso, no ha sido nada nuevo.» Esta es una medida para proteger su ego, para proteger el duro caparazón. Y a no ser que se rompa el caparazón y te encuentre asombrado como un niño, no hay ninguna posibilidad de que alcances un estado que siempre hemos conocido como el alma, tu propio ser.

Esta ha sido mi experiencia en todo el mundo, que la mujer escucha, y que puedes ver el brillo del asombro en sus ojos. No es algo superficial, sus raíces están en lo profundo de su corazón. Pero Khalil Gibran no menciona este hecho, a pesar de que la pregunta la ha hecho una mujer. De hecho, el hombre es tan cobarde que tiene miedo a hacer preguntas, porque tus preguntas prueban tu ignorancia.

Todas las preguntas mejores en *El profeta* son formuladas por mujeres –sobre el amor, sobre el matrimonio, sobre los niños, sobre el dolor–, auténticas, reales. No acerca de Dios, no acerca de ningún sistema filosófico, sino acerca de la vida misma. Puede que no parezcan grandes preguntas, pero en realidad son las preguntas más grandes, y la persona que puede resolverlas ha entrado en un nuevo mundo. Pero Almustafa responde como si la pregunta la hu-

biera hecho cualquiera, cualquier XYZ, no está respondiendo
a quien pregunta. Y mi enfoque es siempre que la pregunta real es
quién la pregunta...

¿Por qué ha surgido la pregunta en una mujer y no en un hombre? Porque la mujer ha sufrido la esclavitud, la mujer ha sufrido
la humillación, la mujer ha sufrido la dependencia económica y,
sobre todo, ha sufrido un estado constante de embarazo. Durante
siglos ha vivido con dolor y dolor y dolor. El niño que crece en su
interior no le permite comer; siempre está sintiendo vómitos.
Cuando el niño ha llegado a los nueve meses, el nacimiento del
hijo es casi la muerte de la mujer. Y cuando aún no se ha liberado
de un embarazo, el marido está listo para embarazarla de nuevo.
Parece que la única función de la mujer es la de ser una fábrica
para producir multitudes.

¿Y cuál es la función del hombre? Él no participa en el dolor
de la mujer. Durante nueve meses ella sufre, durante el nacimiento del niño ella sufre, y ¿qué hace el hombre? Por lo que
respecta al hombre, él simplemente usa a la mujer como un objeto para satisfacer sus deseos y su sexualidad. A él no le preocupa en absoluto cuáles serán las consecuencias para la mujer. Y él
aún sigue diciendo: «Te amo.» Si realmente la hubiera amado, el
mundo no estaría superpoblado. Su palabra «amor» es absolutamente vacía. Ha estado tratando a la mujer casi como si fuera ganado.

*Y aceptarías las estaciones de tu corazón, así como siempre
has aceptado las estaciones que pasan sobre tus campos.* Verdad,
y, sin embargo, no absolutamente verdad. Es verdad si olvidas
quién ha preguntado, pero no es verdad si te acuerdas de ella. Simplemente como afirmación filosófica, es cierta.

*Y aceptarías las estaciones de tu corazón...* A veces hay placer,
y a veces hay dolor, y a veces hay tan sólo indiferencia, ni dolor, ni
placer. Él está diciendo: «Si aceptas las estaciones de tu corazón,
como siempre has aceptado las estaciones que pasan sobre tus
campos...»

Superficialmente, es verdad. La aceptación de cualquier cosa te
da cierta paz, cierta calma. No estás demasiado preocupado; sabes

que también esto pasará. Pero por lo que respecta a la mujer, hay una diferencia. Ella está viviendo constantemente en una estación, dolor y dolor. Las estaciones no cambian de verano a invierno, o a la lluvia. La vida de la mujer es realmente dura.

No es tan dura hoy en día, pero sólo en los países avanzados. El 80 por 100 de la población de la India vive en pueblos, en los que se pueden ver las verdaderas dificultades que sufre la mujer. Ha venido sufriendo esas dificultades durante siglos, y la estación no cambia. Si tienes en cuenta este hecho, entonces esta afirmación se vuelve antirrevolucionaria, esta afirmación se vuelve una frase de consuelo: «Acepta la esclavitud a que te somete el hombre, acepta la tortura a que te somete el hombre...»

La mujer ha vivido con tanto dolor... y, sin embargo, Almustafa olvida completamente quién está haciendo la pregunta. Es posible aceptar el cambio de las estaciones, pero no diez mil años de esclavitud. La estación no cambia...

La mujer necesita rebelión, no aceptación.

El hombre es el animal más lascivo de la tierra. Cada animal tiene una época en la que el macho se interesa por la hembra. A veces esa época es de sólo unas semanas, a veces de un mes o dos, y luego, durante el resto del año se olvidan completamente del sexo, se olvidan completamente de la reproducción. Esa es la razón por la que no se encuentran en una situación de superpoblación. Sólo el hombre es sexual durante todo el año, y si es estadounidense es sexual por la noche y es sexual por la mañana. ¿Y estás pidiendo a la mujer que acepte el dolor?

Yo no puedo pediros que aceptéis semejante dolor, un dolor que otros os imponen. Necesitáis una revolución.

*Y observarías con serenidad a través de los inviernos de tu sufrimiento.*

¿Por qué? Cuando podemos cambiarlo, ¿por qué íbamos a observar? Observa sólo lo que no se puede cambiar. Observa sólo lo que es natural, sé un testigo de ello. Pero esto es astucia poética. Bellas palabras: *y observa con serenidad...*

Observa con serenidad todo lo que es natural, y rebélate contra todo sufrimiento impuesto por cualquiera. Sea hombre o mujer, sea tu padre o tu madre, sea el sacerdote o el profesor, sea el gobierno o la sociedad, ¡rebélate!

A no ser que tengas un espíritu rebelde, no estás vivo en el verdadero sentido de la palabra.

*Gran parte de tu dolor es tu propia elección.* Eso es verdad. Toda tu tristeza, todo tu dolor... gran parte de ello no está impuesto por los demás. Contra lo que te imponen los demás, rebélate, pero lo que tú mismo has elegido, suéltalo. No hay necesidad de observar. Simplemente comprender que «Yo me lo he impuesto a mí mismo» es suficiente, deshazte de ello. ¡Deja que los demás observen cómo te deshaces de ello! Al verte deshaciéndote de ello, quizá también ellos comprenderán: «¿Por qué sufrir innecesariamente?, los vecinos están deshaciéndose de su sufrimiento.»

Tus celos, tu ira, tu avaricia, todos traen dolor. Tus ambiciones, todas traen dolor. Y todo ello lo eliges tú mismo.

*Es una poción amarga con la que el médico que hay en ti cura tu ser enfermo.*

De nuevo vuelve con los consuelos. No está haciendo una distinción clara. Hay dolores impuestos por otros, rebélate contra ellos. Y hay dolores que son naturales, obsérvalos, y obsérvalos con serenidad, porque son la medicina amarga que la naturaleza, el médico que hay en ti, usa para curar tu ser enfermo.

*Por lo tanto, confía en el médico, y bebe su remedio con silencio y tranquilidad.*

Pero recuerda que se trata del *médico,* no de tu marido, no del gobierno. Ellos te imponen dolor, no para curarte, sino para destruirte, para aplastarte. Porque cuanto más destruida estás, más fácil resulta dominarte. Entonces no hay miedo de que te rebeles. Así que recuerda quién es el médico. La naturaleza cura, el tiempo cura, simplemente espera, observa. Pero ten mucha claridad respecto a lo que es natural y lo que es artificial.

*Porque su mano, aunque pesada y dura, está guiada por la mano tierna de lo invisible, y el cáliz que trae, aunque quema tus labios, ha sido hecho del barro que el Alfarero ha humedecido con Sus propias lágrimas sagradas.*

Todo lo que sea natural, contra lo que no hay rebelión posible...
entonces no estés triste ni sufras; entonces acéptalo con gratitud.
Es la mano invisible de lo divino que quiere curarte, que quiere llevarte a un estado más alto de conciencia. Pero lo que no sea natural... Ceder a cualquier tipo de esclavitud es destruir tu propia
alma. Es mejor morir que vivir como un esclavo[2].

*He sentido dentro de mí una rabia fría, profundamente
escondida y llena de deseos de venganza contra todos los
hombres que alguna vez han forzado, violado, matado o
herido a las mujeres. Es algo que parece que he llevado
dentro durante vidas. Por favor, ayúdame a dejar al descubierto a esta vieja bruja y a hacerme amiga de ella*

Lo primero que hay que tener en claro es que fue el cristianismo el que condenó la palabra «bruja»; por lo demás, era una de las
palabras más respetadas, tan respetadas como «místico», un hombre sabio. Significaba simplemente una mujer sabia, el paralelo de
un hombre sabio.

Pero en la Edad Media el cristianismo se vio enfrentado a un
peligro. Había miles de mujeres que eran mucho más sabias que
los obispos y los cardenales y el Papa. Conocían el arte de transformar la vida de las personas.

Toda su filosofía se basaba en el amor y la transformación de la
energía sexual, y una mujer puede hacer esto mucho más fácilmente que un hombre. Después de todo, es una madre y siempre
es una madre. Incluso una niña muy pequeña tiene la cualidad de
los sentimientos maternales.

La cualidad de los sentimientos maternales no es algo relacionado con la edad, forma parte de ser mujer. Y la transformación
necesita una atmósfera muy amorosa, una transferencia muy maternal de energías. Para el cristianismo, era un competidor. El cris-

[2] *The Messiah: Commentaries on Khalil Gibran's «The Prophet»*, vol. 2, cap. 4.

tianismo no tenía nada que ofrecer que pudiese compararse a eso, pero el cristianismo estaba en el poder.

Era un mundo del hombre hasta entonces; y decidieron destruir a todas las brujas. Pero ¿cómo destruirlas? No era cuestión de matar a una mujer, sino a miles de mujeres. Así que se creó una corte especial para investigar, para descubrir quién era una bruja.

Cualquier mujer de la que los cristianos decían que había tenido influencia en la gente y a la que la gente respetaba, era capturada y torturada, tanto que tenía que confesar. No dejaban de torturarla hasta que confesaba que era una bruja. Y habían cambiado el significado de «bruja» según la mente cristiana, según la teología cristiana: una bruja es alguien que tiene una relación sexual con el diablo.

Ya no se oye más de ningún diablo que tenga una relación con alguna mujer. O el diablo se ha hecho monje cristiano, célibe, o... ¿qué ha pasado con el diablo? ¿Quién era el que estaba teniendo relaciones sexuales con miles de mujeres? Y estas mujeres eran en su mayoría mujeres mayores. No parece algo racional. Habiendo disponibles mujeres jóvenes y bellas, ¿por qué iba el diablo a acudir a las mujeres mayores, viejas?

Pero hacerse bruja era un adiestramiento muy largo, una disciplina muy larga, una experiencia muy larga. De forma que para cuando una mujer era una bruja –una mujer sabia–, era ya vieja; lo había sacrificado todo para lograr esa sabiduría, esa alquimia.

Forzaron a estas pobres mujeres a decir que estaban teniendo relaciones sexuales con el diablo. Muchas de ellas se resistieron mucho... pero la tortura era demasiado.

Torturaron a estas pobres mujeres mayores de maneras muy feas, sólo para lograr una cosa: que confesaran. Las mujeres siguieron tratando de decir que no tenían nada que ver con el diablo, que no había nada que confesar. Pero nadie las escuchaba; continuaban torturándolas.

Puedes hacer que cualquiera confiese cualquier cosa si sigues torturándolo. Llega un punto en que siente que es mejor confesar que sufrir innecesariamente la misma tortura cada día. Y hubiera continuado durante toda su vida. Una vez que una mujer confesaba que era una bruja y tenía una relación sexual con el diablo, dejaban de torturarla y la llevaban a los tribunales –una corte especial creada por el Papa– y ahora tenía que confesar ante la corte. Y una vez que confesaba ante la corte, la corte podía castigarla, porque el suyo era el mayor crimen a los ojos del cristianismo.

En realidad, incluso si la mujer hubiera tenido una relación sexual con el diablo, eso no es asunto de nadie más, y no es un delito, porque no está haciendo daño a nadie. Y el diablo jamás ha presentado una denuncia en ninguna comisaría: «Esa mujer es peligrosa.» ¿Con qué autoridad estaba quemando a esas mujeres el cristianismo?

El único castigo era ser quemada viva, para que ninguna otra mujer se atreviese a ser una bruja de nuevo. Destruyeron a miles de mujeres e hicieron desaparecer completamente una parte muy significativa de la humanidad. Y la sabiduría que estas mujeres contenían, sus libros, sus métodos, sus técnicas de transformar al hombre, de transformar la energía del hombre...

No pienses que *bruja* es una mala palabra. Es más respetable que *Papa,* porque yo no creo que un papa sea un hombre a quien podemos llamar sabio; no son más que loros. Es posible que esto pueda estar conectado con tu vida pasada, y que la herida haya sido tan profunda que aún una memoria en tu inconsciente te lo sigue recordando. Y eso crea el odio a los hombres, porque lo que te hicieron te lo hicieron hombres.

Así que es una simple asociación, pero tienes que librarte de esa asociación. No te lo hicieron los hombres, te lo hicieron los cristianos. Y los cristianos han cometido tantos crímenes, y continúan cometiéndolos. Es increíble... Y siguen hablando de verdad, hablando de Dios... y diciendo mentiras... Y son personas religiosas que tratan por todos los medios de engañar al mundo, de engañar a la mente humana, de polucionar con feas mentiras.

Así que no estés contra los hombres en sí; estar contra las atrocidades cristianas es suficiente...

Durante dos mil años la cristiandad ha estado matando a la gente en nombre de la religión, en nombre de Cristo, en nombre de la nación, así que es perfectamente correcto condenarlos. Aunque no todos los hombres son cristianos.

Pero será conveniente que pases por un proceso hipnótico para averiguar qué pasó con más claridad. Quizá puedas recordar cuáles eran las técnicas de las brujas –cómo actuaban, cómo se las arreglaban para cambiar a la gente–, porque a no ser que fueran un peligro para el cristianismo, el cristianismo no las habría matado.

Era un peligro real, porque el cristianismo no tenía nada que ofrecer que pudiera compararse[3].

---

[3] *The Transmission of the Lamp*, cap. 2.

# Capítulo 3

# El movimiento de liberación
# de la mujer

*¿Qué consideras la mayor necesidad de la mujer contemporánea?*

A CAUSA de que la mujer ha sido dominada, torturada y reducida a un cero a la izquierda, se ha vuelto fea. Cuando no se permite que tu naturaleza siga sus necesidades internas, se vuelve amarga, se envenena; se queda como lisiada, paralizada, se pervierte. La mujer que podemos encontrar en el mundo no es tampoco una mujer verdadera, porque la han corrompido durante siglos. Y cuando se corrompe a la mujer, el hombre tampoco puede permanecer natural, porque, después de todo, el hombre nace de la mujer. Si ella no es natural, sus hijos no serán naturales. Si ella no es natural –ella va a cuidar al hijo o hija–, naturalmente esos niños serán afectados por su madre.

La mujer necesita ciertamente una gran liberación, pero lo que está sucediendo en nombre de la liberación es estúpido. Es imitación, no es liberación.

Aquí conmigo hay muchas mujeres que han estado en el movimiento de liberación, y cuando llegan aquí por vez primera son muy agresivas. Y puedo comprender su agresividad: siglos y siglos de dominación las han vuelto violentas. Es una simple venganza. Han perdido la cordura, y el único responsable es el hombre. Pero poco a poco, lentamente, se van suavizando, adquieren gracia; su agresividad desaparece. Se vuelven, por primera vez, femeninas.

La liberación real hará que la mujer sea auténticamente una mujer, no una imitación del hombre. Ahora mismo, eso es lo que está sucediendo: las mujeres están intentando ser iguales que los hombres. Si los hombres fuman cigarrillos, entonces la mujer tiene que fumar cigarrillos. Si ellos llevan pantalones, entonces la mujer tiene que llevar pantalones. Si ellos hacen ciertas cosas, entonces la mujer tiene que hacerlas. Ella se está volviendo simplemente un hombre de segunda categoría.

Esto no es liberación, esto es una esclavitud mucho más profunda, mucho más profunda porque la primera esclavitud se la impusieron los hombres. Esta segunda esclavitud es más profunda porque la han creado las mujeres mismas. Y cuando otra persona te impone una esclavitud, puedes rebelarte contra ella, pero si tú mismo te impones una esclavitud en nombre de la liberación, no hay nunca una posibilidad de rebelión.

Me gustaría que la mujer se volviera realmente una mujer, porque es mucho lo que depende de ella. Ella es mucho más importante que el hombre, porque ella lleva en sus entrañas tanto a la mujer como al hombre. Ella da a luz a ambos, al niño y a la niña; ella nutre a ambos. Si ella está envenenada, entonces su leche está envenenada, entonces su manera de criar a los hijos está envenenada.

Si la mujer no es libre para ser realmente una mujer, el hombre nunca será libre para ser realmente un hombre tampoco. La libertad de la mujer es una condición indispensable para la libertad del hombre; es más fundamental que la libertad del hombre. Y si la mujer es una esclava —como lo ha sido durante siglos—, ella hará que también el hombre sea un esclavo de maneras muy sutiles; las maneras de la mujer son sutiles. Ella no luchará directamente; su lucha será indirecta, será femenina. Ella llorará y gemirá. No te golpeará, se golpeará a sí misma, y al golpearse a sí misma, al llorar y gemir, incluso el más fuerte de los hombres acaba siendo dominado por su mujer. Una mujer muy delgada y débil puede dominar a un hombre muy fuerte... La mujer necesita una libertad total, para que también pueda dar libertad al hombre.

Esto es algo fundamental que hay que recordar: si esclavizas a alguien, al final te verás reducido a la esclavitud; no puedes permanecer libre. Si quieres permanecer libre, da libertad a los demás; ésa es la única manera de ser libre.

## ¿Estás en contra del movimiento de liberación de la mujer?

El movimiento de liberación es feo, y ya sé que la responsabilidad recae en los chovinistas masculinos, los machistas. Ellos han venido haciendo tanto daño a las mujeres a lo largo de los siglos que ahora la mujer quiere vengarse. Pero siempre que empiezas a tomar venganza te vuelves destructivo. Resulta inútil seguir dando atención a heridas pasadas. Resulta inútil vengarse a causa del pasado. Hay que aprender a perdonar y olvidar. Sí, lo pasado estuvo muy mal, esto está aceptado. Lo que se ha hecho a las mujeres a lo largo de los siglos ha sido absolutamente erróneo. El hombre ha reducido a las mujeres a la categoría de esclavas; más aún, las ha reducido a la categoría de cosas, de posesiones. Pero ¿para qué sirve tomar venganza? Entonces te conviertes en la perseguidora y el hombre en el perseguido. Entonces otro tipo de chovinismo comienza a tomar forma y cuerpo. Entonces surge la mujer chovinista, y esto no va a arreglar las cosas. Entonces la mujer empezará a hacer daño a los hombres, y tarde o temprano éstos se vengarán. ¿Dónde va a parar esto? Es un círculo vicioso.

Y tengo la sensación de que en vez de que lo paren los hombres, es mucho más fácil que lo paren las mujeres, que sean ellas las que se salgan del círculo vicioso, porque ellas son más amorosas, más compasivas. El hombre es más agresivo, más violento. No tengo mucha esperanza en los hombres, pero espero mucho de las mujeres. Por eso no estoy a favor de la actitud y el enfoque agresivo del movimiento de liberación de la mujer...

Los problemas de la vida pueden resolverse con amor, no se pueden resolver con un enfoque violento.

El hombre y la mujer son mundos diferentes; por eso es difícil que se comprendan mutuamente. Y el pasado ha estado lleno de malentendidos, pero esto no tiene que continuar así necesariamente en el futuro. Nosotros podemos aprender una lección del pasado, y la única lección es que el hombre y la mujer tienen que volverse más comprensivos uno respecto al otro y aceptar mejor sus diferencias. Estas diferencias son valiosas, no es necesario que generen ningún conflicto; de hecho, son las causas de la atracción entre ellos.

Si todas las diferencias entre los hombres y las mujeres desaparecieran, si ambos tuvieran el mismo tipo de psicología, también desaparecería el amor, porque ya no existiría la polaridad. El hombre y la mujer son como los polos negativo y positivo de la electricidad: se atraen entre sí magnéticamente. Son polos opuestos; por eso el conflicto es natural. Pero mediante la comprensión, mediante la compasión, mediante el amor, mirando el mundo del otro y tratando de adoptar una actitud favorable hacia él, todos los problemas se pueden resolver. No hay necesidad de crear más conflicto, ya basta.

El hombre necesita la liberación tanto como la mujer. Ambos necesitan la liberación, liberación respecto a la mente. Deberían cooperar mutuamente y ayudar al otro a que se libere de la mente. Ese será un verdadero movimiento de liberación.

*¿Crees que sólo las mujeres son las responsables del movimiento de liberación?*

El movimiento de liberación que está sucediendo en el mundo es un fenómeno creado por el hombre, una creación masculina. Esto os sorprenderá, que sea, de nuevo, una conspiración masculina. Ahora el hombre quiere librarse de las mujeres. No quiere tener ninguna responsabilidad. Quiere disfrutar de las mujeres, pero sólo para divertirse. No quiere tomar todas las demás responsabilidades que esto trae consigo.

Ahora bien, se trata de una conspiración sutil. El hombre está tratando de persuadir a las mujeres de todo el mundo de que la mujer tiene que volverse independiente. Es un truco sutil. Y la mente masculina es astuta, y la mente masculina está ganando. Y ahora muchas mujeres han sido envenenadas con esta idea.

¿Lo sabéis? Las primeras personas que empezaron a hablar de la igualdad entre el hombre y la mujer fueron hombres, no mujeres. Las primeras personas que empezaron a hablar de ello, que deberían tener la misma libertad, fueron hombres, no mujeres. La semilla proviene de la mente masculina. Y siempre ha sido así. Cuando el hombre se da cuenta de lo que le conviene, se las arregla para que suceda. Su astucia es muy sutil. Y a veces se las arregla de tal manera que la mujer piensa que ella lo está haciendo por sí misma.

En el pasado también ha sido así. En el pasado el hombre ha persuadido a las mujeres de que ellas son seres puros, ángeles. El hombre es sucio, los chicos son traviesos, ¿y la mujer? Ella es divina. El hombre ha puesto a la mujer sobre un alto pedestal; ese fue su truco para controlar a la mujer. El hombre la ha adorado, y mediante la adoración la ha controlado. Y, naturalmente, cuando la mujer estaba en el pedestal pensaba que era divina, ella no podía hacer esas cosas que hacen los hombres, no podía, porque iba contra el ego de la mujer. Ese elevado pedestal satisfacía mucho a su ego. Ella era la madre, era divina; ella tenía más cualidades divinas que el hombre. El hombre es feo, inmoral, y todo eso. Al hombre hay que perdonarle.

De esta forma, el hombre ha seguido haciendo lo que quería a lo largo de los siglos. Y la mujer estaba en una posición elevada. Pero esto era un truco; convencía al ego de la mujer. Y una vez que tu ego está convencido, te han capturado. Ya no puedes cambiar de postura. Pedir la igualdad sería una especie de caída, tendrías que descender para ser igual. Era una estrategia, y la mujer cayó en ella. Permaneció pura, permaneció virgen hasta el matrimonio.

En Occidente, el hombre ha persuadido a las mujeres: «Ahora tenéis que ser libres, tenéis que ser iguales.» Como ahora las cosas han cambiado, los tiempos han cambiado, al hombre le gustaría disfrutar de más mujeres que sólo de su esposa. Ahora él quiere una libertad absoluta. Y la única manera de tener una libertad absoluta es dar una libertad absoluta a la mujer. Y la ha convencido de nuevo. Y ahora las mujeres que protestan y las del movimiento de liberación van gritando con toda su alma por la libertad y la igualdad. Y no saben que están de nuevo bajo el mismo control: de nuevo, el hombre las está persuadiendo. Ahora el hombre quiere usarlas y tirarlas, sin que ello entrañe ninguna responsabilidad.

Si examinas con profundidad todo el asunto, te sorprenderá. La mente masculina es una mente astuta. La mujer es más inocente; ella no puede ser tan estratégica, tan política. Ella siempre ha creído al hombre. Y te sorprenderá darte cuenta: ¡estas mujeres del movimiento de liberación de nuevo están creyéndole al hombre! Nada ha cambiado. Ahora, *esto* es lo que le conviene al hombre, que la mujer sea libre y no pida ningún tipo de compromiso. Él no quiere comprometerse, él quiere tener toda la libertad. Él no quiere tomar la responsabilidad por tus hijos. Él no quiere vivir contigo para siempre, quiere cambiar de mujer cada día.

Pero ahora, de nuevo, el hombre está creando bellas palabras: hay que vivir sin compromisos; hay que vivir sin ataduras; no hay que ser posesivos, no hay que ser celosos. Ahora, una vez más, el hombre está creando bellas filosofías. Ya lo había hecho antes, y también entonces las mujeres fueron engañadas, y van a ser engañadas de nuevo. Las mujeres confían. La confianza les resulta fácil; el amor les resulta más fácil que la lógica. Y están muy involucradas con lo inmediato. El hombre piensa siempre en términos de estrategia, táctica, qué sucederá, cómo sucederá, él piensa en el futuro, él planea el futuro...

El ambiente ahora es que la mujer tiene que ser igual al hombre. A ella ya no tiene que interesarle el hogar, la familia, los hijos, la maternidad. Tiene que interesarse por la poesía, la literatura, la pintura, la ciencia, la tecnología, esto y aquello. Ahora se reúnen grupos de mujeres por todo el mundo para concienciarse. Y todas sus sesiones de concienciación consisten en una sola cosa: que tienen que destruir algo profundo en su femineidad. Sólo entonces pueden competir con los hombres.

Ellas son suaves, naturalmente suaves. No pueden competir con los hombres. Si quieren competir con los hombres tendrán que volverse duras. Y así, cada vez que te encuentras con una mujer del movimiento de liberación puedes ver que su cara ha perdido suavidad. Es muy difícil llamar «nena» a una de estas mujeres, muy difícil. Y, además, ella se enfadará, no le gustará. ¿Por qué «nena»?, ella es igual a ti. Surge la dureza.

Cualquier tipo de lucha produce dureza. Y puede que intentes que no te interese el hogar, porque si te interesas por el hogar no puedes competir en el mundo. Si te interesas por los niños no puedes competir en el mundo; todo eso se convierte en una distracción. Y si quieres competir en el mundo y probar que eres tan fuerte como los hombres, de alguna forma tienes que volverte más como los hombres.

Y esto será una pérdida. Esto es una pérdida, porque la única esperanza para la humanidad es la suavidad de la mujer, no la dureza del hombre. Hemos sufrido ya suficiente a causa de la dureza del hombre. Lo que se necesita es que el hombre se haga más como la mujer, en vez de que la mujer se haga más como el hombre.

Las mujeres están yendo en contra de sí mismas, intentando arreglárselas a toda costa. Pero eso no es natural. Lo natural es el útero de la mujer, ese útero anhela un bebé, ese útero anhela un hogar. El hogar es el útero visible que hay fuera de la mujer, es una proyección del útero interno.

Cuando a la mujer ya no le interesa el hogar, ya no le interesa su útero. Pero el útero sigue ahí. Y los hombres y las mujeres *no* son iguales, porque al hombre le falta ese útero. ¿Cómo van a ser iguales? No digo que estén a niveles diferentes, pero sí digo que no son iguales. Son tan diferentes, ¿cómo van a ser iguales? Son polos opuestos. Son tan diferentes que no pueden ser comparados en términos de igualdad o desigualdad. Una mujer es una mujer, un hombre es un hombre. Y *deberían* seguir siendo hombre y mujer. A la mujer debería seguir interesándole el hogar, porque cuando deje de interesarle el hogar le dejará de interesar el útero, el hijo. Y entonces naturalmente se volverá lesbiana.

Mi propio entendimiento es que el hombre tiene que volverse un poco más femenino. Ha ido demasiado lejos en lo de hacerse un hombre, ha perdido cualquier vestigio de humanidad. No lo sigas, no compitas con él, de otra forma entrarás en el mismo bache, en la misma rutina. Te volverás belicosa. Y las mujeres del movimiento de liberación gritando y voceando y protestando por las calles son algo simplemente feo. Están mostrando los peores rasgos de la mente masculina.

*Me resulta imposible comprender tus generalizaciones sobre los tipos masculino y femenino. A veces reconoces los principios masculino y femenino sin relación con el sexo de la persona. Pero la mayor parte del tiempo hablas de que la mujer es más «primitiva» que el hombre, y encuentras al «lobo» en el hombre. ¿Qué pasa con la mujer que se encuentra a sí misma siendo naturalmente la que toma la iniciativa, o que ve al gato, y no al lobo, en su hombre? Algunos hombres están realmente deseosos de ser pasivos. Puede que algunas mujeres necesiten reafirmarse a sí mismas para crecer. ¿Cómo va a ser simplemente una cuestión de que el movimiento de liberación está haciendo a las mujeres «sofisticadas» y excesivamente racionales?*

Mi afirmación de que las mujeres son más primitivas que los hombres no es para condenarlas, es para condenar a los hombres. Al decir «primitiva» quiero decir más natural, más en armonía con la existencia. La civilización es una falsificación, civilización significa salirse de la naturaleza. Cuanto más civilizado se hace el hombre, más se cuelga de la cabeza. Pierde el contacto con su corazón. El corazón aún es primitivo. Y es bueno que las universidades aún no hayan encontrado la forma de enseñar al corazón y civilizarlo. Esa es la única esperanza de que sobreviva la humanidad.

¡Abandonad esas ideas de ser hombres y mujeres! Somos todos seres humanos. Ser un hombre o una mujer es tan sólo algo muy superficial. No le prestes mucha atención, no es algo muy importante; no le des mucha importancia.

Y lo que digo a veces pueden parecer generalizaciones porque no puedo señalar cada vez todas las condiciones; de otra forma, lo que os digo estaría muy cargado de notas a pie de página. ¡Y yo *odio* los libros con notas a pie de página! Simplemente, no los leo. En cuanto veo notas a pie de página, tiro el libro, está escrito por alguna lumbrera, algún erudito, algún tonto.

Tú dices: «Me resulta imposible comprender tus generalizaciones sobre los tipos masculino y femenino...»

Siempre hablo sobre tipos; el género no va incluido. Cuando digo «hombre» me refiero al tipo masculino, y cuando digo «mujer» me refiero al tipo femenino. Pero no puedo decir cada vez «tipo masculino», «tipo femenino». Y tienes razón en que hay mujeres que no son mujeres, que son lobos; y hay hombres que no son lobos, que son gatos. Pero entonces, todo lo que digo sobre el tipo masculino será aplicable a las mujeres que son lobos, y lo que digo sobre las mujeres será aplicable a los hombres que son gatos.

No estoy hablando de la distinción biológica entre el hombre y la mujer, estoy hablando de la distinción psicológica. Sí, hay hombres mucho más femeninos que cualquier mujer, y hay mujeres mucho más masculinas que cualquier hombre. Pero esto no es algo bello; esto es feo, porque crea una dualidad dentro de ti. Si tienes cuerpo de hombre y mente de mujer, habrá un conflicto, una lucha social dentro de ti, una guerra civil en tu interior. Estarás continuamente en guerra, luchando, tenso.

Si eres una mujer fisiológicamente y tienes la mente de un hombre, tu vida derrochará mucha energía en conflicto innecesario. Es mucho mejor estar en armonía. Si eres hombre corporalmente, entonces mejor ser hombre mentalmente; si eres mujer corporalmente, mejor ser mujer mentalmente.

Y el movimiento de liberación de la mujer está creando problemas innecesarios. Está haciendo lobos a las mujeres, les está enseñando a luchar. El hombre es el enemigo, ¿cómo vas a amar al enemigo? ¿Cómo vas a relacionarte íntimamente con el enemigo? El hombre no es el enemigo.

La mujer, para ser realmente una mujer, tiene que ser más y más femenina, tiene que alcanzar las cimas de la suavidad y la vulnerabilidad. Y el hombre, para ser realmente un hombre, tiene que ahondar en su masculinidad lo más profundamente posible. Cuando un hombre auténtico entra en contacto con una mujer auténtica, son polos opuestos, extremos. Pero sólo los extremos se pueden enamorar, y sólo los extremos pueden disfrutar de intimidad. Sólo los extremos pueden atraerse mutuamente.

Lo que está sucediendo ahora es una especie de unisexo: los hombres volviéndose más y más femeninos, las mujeres volviéndose más y más masculinas. Tarde o temprano, se perderán todas las diferencias. Será una sociedad muy sosa, será aburrido.

Me gustaría que la mujer fuera lo más femenina posible, sólo entonces puede florecer. Y el hombre necesita ser lo más masculino posible, sólo entonces puede florecer. Cuando son polos opuestos, surge entre ellos una gran atracción, un gran magnetismo. Y cuando se juntan, cuando se encuentran en la intimidad, aportan dos mundos diferentes, dos dimensiones diferentes, dos riquezas diferentes, y ese encuentro es un tremendo beneficio, una bendición.

*¿Cuál consideras el siguiente paso que las mujeres necesitan dar?*

Quiero decir a las mujeres del mundo entero que vuestro movimiento de liberación no ha hecho nada, porque está en manos de mujeres muy estúpidas. Son reaccionarias, no revolucionarias. De otra forma, lo más simple e importante, la primera prioridad, es que las mujeres deberían exigir un voto separado, para que las mujeres sólo puedan votar por mujeres, y los hombres sólo puedan votar por hombres. Sólo un simple y único paso, y la mitad de todos los parlamentos del mundo estará ocupado por mujeres. Y las mujeres estarán naturalmente en el poder, porque el hombre, por naturaleza, tiene tendencia a luchar. Él creará partidos, partidos políticos, ideologías religiosas, en torno a cosas pequeñas, menores, triviales.

De forma que si las mujeres de un parlamento forman un solo voto, la otra mitad, la de los hombres, estará dividida al menos en ocho o diez partidos. El mundo entero puede llegar a manos de las mujeres. Y las mujeres no están interesadas en las guerras, las mujeres no están interesadas en las armas nucleares, las mujeres no están interesadas en el comunismo o el capitalismo.

Todos estos «ismos» salen de la cabeza. A las mujeres les interesa estar alegres, las pequeñas cosas de la vida: una casa bonita, un jardín, una piscina.

La vida puede ser un Paraíso, pero va a seguir siendo un infierno a no ser que se retire al hombre del poder de una vez por todas. Y se le puede retirar muy fácilmente.

# Capítulo 4

# Sexualidad

*Me siento aprisionada por el miedo a la intimidad y a perder totalmente el control con un hombre. Hay una mujer salvaje encerrada en mi interior. Cuando sale de vez en cuando, normalmente los hombres flipan, así que vuelve a la hibernación, no toma riesgos, y se siente totalmente frustrada. Por favor, ¿podrías hablar de este miedo a la intimidad?*

LA HUMANIDAD, sobre todo las mujeres, sufre muchas enfermedades. Hasta ahora, todas las llamadas civilizaciones y culturas han estado psicológicamente enfermas. Ni siquiera se atrevieron nunca a reconocer su enfermedad; y el primer paso del tratamiento es reconocer que estás enfermo. Especialmente la relación entre hombre y mujer no ha sido natural.

Hay que recordar varios hechos. Primero, el hombre tiene capacidad para tener sólo un orgasmo; la mujer tiene capacidad para tener múltiples orgasmos. Esto ha creado un tremendo problema. No habría habido ningún problema si no se hubiera impuesto el matrimonio y la monogamia; no parece que fuera esta la intención de la naturaleza. El hombre se asusta de la mujer por la sencilla razón de que si provoca un orgasmo en ella, entonces ella está lista para tener al menos media docena de orgasmos más, y él es incapaz de satisfacerla.

La salida que el hombre ha encontrado es: no des a la mujer ni siquiera un orgasmo. Prívala incluso de la idea de que puede tener un orgasmo.

Segundo, el sexo del hombre es local, genital. Esto no es así en la mujer. Su sexualidad, su sensualidad se extiende por todo su cuerpo. Se necesita mucho tiempo para calentarla, e incluso antes de que ella se caliente, el hombre ya ha terminado. Él le da la espalda y empieza a roncar. Durante miles de años, millones de mujeres por todo el mundo han vivido y se han muerto sin conocer el mayor regalo natural, el gozo orgásmico. Era una protección del ego del hombre. La mujer necesita un largo jugueteo previo para que todo su cuerpo empiece a vibrar con sensualidad, pero entonces surge el peligro: ¿qué hacer con su capacidad de tener orgasmos múltiples?

Mirándolo de manera científica, ninguno de los sexos debería ser tomado tan en serio, y se debería invitar a los amigos para dar a la mujer toda su gama de orgasmos, o se debería usar algún vibrador científico. Pero en ambos casos hay problemas. Si usas vibradores científicos, pueden dar todos los orgasmos que la mujer es capaz de tener; pero una vez que una mujer ha conocido esto... entonces el órgano del hombre parece tan pobre que puede que ella elija un instrumento científico, un vibrador, en vez de un novio. Si dejas que se te unan unos cuantos amigos, entonces es un escándalo social: te dedicas a las orgías.

Así que la salida más sencilla que ha encontrado el hombre es que la mujer no debe siquiera moverse mientras él le está haciendo el amor; ella debe permanecer casi como un cadáver. La eyaculación del hombre es rápida, dos, tres minutos como mucho; en ese tiempo la mujer no llega a darse cuenta de lo que se ha perdido.

En lo que respecta a la reproducción biológica, el orgasmo no es necesario. Pero en lo que respecta al crecimiento espiritual, el orgasmo sí es necesario.

En mi opinión, es la experiencia orgásmica del gozo lo que ha dado a la humanidad en los primeros días la idea de la meditación, de buscar algo mejor, más intenso, más vital. El orgasmo es la indicación de la naturaleza de que tienes dentro de ti una cantidad tremenda de gozo. Sencillamente te deja que lo pruebes, luego puedes iniciar tu búsqueda.

El estado orgásmico, incluso el reconocimiento de ese estado, es algo muy reciente. Tan sólo en este siglo los psicólogos se dieron cuenta de los problemas a los que se enfrenta la mujer. A través del psicoanálisis y de otras escuelas psicológicas se llegó a la misma conclusión, que se está privando a la mujer del crecimiento espiritual; que ella no pasa de ser una sirvienta doméstica.

Por lo que respecta a la reproducción, la eyaculación del hombre es suficiente, así no hay problema biológico; pero sí psicológico. Las mujeres son más irritables, criticonas, descontentas, y la razón de ello es que se las ha privado de algo que es su derecho natural; y ni siquiera saben qué es. Sólo en las sociedades occidentales la generación joven ha tomado conciencia del orgasmo. Y no es una coincidencia que la generación joven haya iniciado la búsqueda de la verdad, del éxtasis, porque el orgasmo es momentáneo, pero te permite vislumbrar el más allá.

Dos cosas suceden en el orgasmo: una es que la mente detiene su cháchara constante, durante un momento se vuelve no mente; y lo segundo es que el tiempo se detiene. Ese momento único del gozo orgásmico es tan inmenso y tan pleno que es igual a la eternidad.

En los primeros tiempos, el hombre se dio cuenta de que esas son las dos cosas que te dan el mayor placer posible, en lo que respecta a la naturaleza. Y fue una conclusión simple y lógica que si puedes detener tu mente parlanchina y volverte tan silencioso que todo se detenga –incluso el tiempo–, entonces eres libre de la sexualidad. Ya no necesitas depender de la otra persona, hombre o mujer; eres capaz de alcanzar este estado de meditación tú solo. Y el orgasmo no puede ser más que momentáneo, pero la meditación se puede extender durante las veinticuatro horas del día.

Un hombre como Gautama el Buda vive cada momento de su vida en el gozo orgásmico, no tiene nada que ver con el sexo.

Me han preguntado una y otra vez por qué tan pocas mujeres se han iluminado. Entre otras razones, la más importante es: nunca saborearon el orgasmo. La ventana al enorme cielo nunca se abrió. Ellas vivieron, produjeron niños y murieron. Fueron utilizadas por la biología y el hombre como fábricas, para producir niños.

En Oriente, incluso ahora, es muy difícil encontrar a una mujer que sepa lo que es el orgasmo. Se lo he preguntado a mujeres muy inteligentes, educadas, cultas, no tienen ni idea. De hecho, en las lenguas orientales no hay ninguna palabra que se pueda usar como traducción de «orgasmo». No era necesaria; sencillamente, ese tema nunca se tocó.

Y el hombre ha enseñado a la mujer que sólo las prostitutas disfrutan del sexo. Ellas gimen y gritan, y casi se vuelven locas; si quieres ser una dama respetable no debes hacer tales cosas. Así, la mujer permanece tensa, y en lo más hondo de sí se siente humillada, ha sido utilizada. Y muchas mujeres me han contado que después de hacer el amor, cuando su marido se pone a roncar, ellas lloran.

Una mujer es casi como un instrumento musical; todo su cuerpo tiene una inmensa sensibilidad, y habría que despertar esa sensibilidad. Así que son necesarios los preliminares, el jugueteo previo. Y después de hacer el amor, el hombre no debería dormirse; eso es feo, no es de personas civilizadas, cultas. Una mujer que te ha dado semejante gozo necesita también cariños después de hacer el amor, simplemente por gratitud.

Tu pregunta es muy importante, y se va a volver más y más importante en el futuro. Hay que solucionar este problema; pero el matrimonio es una barrera, la religión es una barrera, vuestras viejas ideas podridas son una barrera. Están impidiendo que media humanidad esté gozosa, y toda su energía —que debería haber alcanzado su plenitud en flores de alegría— se vuelve amarga, venenosa, en quejas, en críticas. De otra forma, toda esa actitud quejica y criticona desaparecería.

Los hombres y las mujeres no deberían estar ligados por un contrato como el matrimonio. Deberían estar unidos por el amor, pero deberían conservar su libertad. No se deben nada el uno al otro.

Y la vida debería ser más móvil. Lo que debería ser la regla es sencillamente la mujer entrando en contacto con muchos amigos, el hombre entrando en contacto con muchas mujeres. Pero esto sólo es posible si el sexo se considera como algo alegre, juguetón. No es pecado, es disfrute. Y desde la aparición de la píldora ya no hay miedo de tener niños.

La píldora, en mi opinión, es la mayor revolución que ha sucedido en la historia. Todas sus implicaciones aún no se han vuelto manifiestas para el hombre. En el pasado era difícil, porque hacer el amor significaba tener más y más hijos. Eso estaba destruyendo a la mujer, siempre estaba embarazada. Y permanecer embarazada y dar a luz a doce o veinte hijos es una experiencia como una tortura. A las mujeres se las utilizaba como ganado.

Pero el futuro puede ser totalmente diferente, y la diferencia no vendrá del hombre. Como dijo Marx acerca del proletariado: «Proletarios del mundo, uníos, no tenéis nada que perder», y todo por ganar... Él había visto una sociedad dividida en dos clases, los ricos y los pobres.

Yo veo la sociedad dividida en dos clases, el hombre y la mujer.

El hombre ha sido el amo durante siglos, y la mujer la esclava. Ella ha sido vendida al mejor postor, ella ha sido quemada viva. Todo lo inhumano que puede hacerse se lo han hecho a las mujeres, y constituyen la mitad de la humanidad...

Tú preguntas: «Me siento aprisionada por el miedo a la intimidad y a perder totalmente el control.» Toda mujer tiene miedo, porque si pierde el control con un hombre, al hombre le da pavor. Él no puede con ello; su sexualidad es muy pequeña.[Como él es un donante, pierde energía al hacer el amor. La mujer no pierde energía al hacer el amor, al contrario, se siente nutrida.]

Estos son hechos que tienen que ser tomados en cuenta. Durante siglos, el hombre ha forzado a la mujer a que se controle a sí misma y la ha mantenido a distancia, sin permitirle nunca que sea demasiado íntima. Todas esas charlas sobre el amor son tonterías.

«Hay una mujer salvaje encerrada en mi interior. Cuando sale de vez en cuando, normalmente los hombres flipan, así que vuelve a hibernación, no toma riesgos, y se siente totalmente frustrada.» Ésta no es sólo tu historia; es la historia de todas las mujeres. Están viviendo en un estado de profunda frustración.

Al no encontrar salida, desconociendo de qué han sido privadas, ellas sólo tienen una puerta abierta: las encontrarás en las iglesias, en los templos, en las sinagogas, rezando a Dios. Pero ese Dios también es un machista.

En la Trinidad cristiana no hay lugar para una mujer. Son todos hombres: el Padre, el Hijo, el Espíritu Santo. Es un club de hombres gays.

Y el mayor daño que se le ha hecho a la mujer es el matrimonio, porque ni el hombre ni la mujer son monógamos; psicológicamente son polígamos. Así que toda su psicología ha sido forzada en contra de su naturaleza. Y como la mujer dependía del hombre, ha tenido que sufrir todo tipo de insultos, porque el hombre era el amo, era el dueño, tenía todo el dinero.

Para satisfacer su naturaleza polígama, el hombre creó a las prostitutas. Las prostitutas son una consecuencia del matrimonio.

Y esta fea institución de la prostitución no desaparecerá del mundo a no ser que desaparezca el matrimonio. Es su sombra, porque el hombre no quiere estar atado a una relación monógama, y él tiene libertad de movimientos, tiene el dinero, tiene la educación, tiene todo el poder. Él inventó las prostitutas; y destruir a una mujer convirtiéndola en una prostituta es el asesinato más feo que se puede cometer.

Lo extraño es que todas las religiones están en contra de la prostitución, y ellas son su causa. Todas están a favor del matrimonio, y no pueden ver un simple hecho, que la prostitución apareció con el matrimonio.

Ahora, el movimiento de liberación de la mujer está tratando de imitar todas las estupideces que han hecho los hombres. En Londres, en Nueva York, en San Francisco, se pueden encontrar hombres prostitutos. Este es un fenómeno nuevo. Este no es un paso revolucionario, es un paso reaccionario.

El problema radica en que a no ser que pierdas el control al hacer el amor, no tendrás una experiencia orgásmica. Así que, al menos mi gente debe comprender mejor que la mujer suspire y gima y grite. Es porque todo su cuerpo participa, una participación total.

No es necesario que os asustéis de eso. Es tremendamente curativo: ella ya no se mostrará criticona contigo, y no te perseguirá con sus quejas, porque toda la energía que se vuelve queja ha sido transformada en un gozo inmenso. Y no os asustéis por los vecinos. Es su problema si se preocupan por vuestros suspiros y gemidos, no es vuestro problema. Vosotros no se lo estáis impidiendo...

Que hacer el amor sea para vosotros un acto festivo, que no sea algo apresurado. Bailad, cantad, tocad música, y no dejéis que el sexo sea cerebral. El sexo cerebral no es auténtico; el sexo debe ser espontáneo. Cread la situación. Vuestro dormitorio debería ser un lugar tan sagrado como un templo. No hagáis nada más en vuestro dormitorio; cantad y bailad y jugad, y si el amor sucede por sí mismo, espontáneamente, os sorprenderá inmensamente que la biología os haya dejado vislumbrar la meditación.

Y no os preocupéis de que la mujer se vuelva loca. Tiene que volverse loca, todo su cuerpo está en un espacio totalmente diferente. No puede permanecer bajo control; si lo controla será como un cadáver.

Millones de personas están haciendo el amor con cadáveres.

He oído una historia sobre Cleopatra, la mujer más hermosa. Cuando murió, según los antiguos rituales egipcios su cuerpo no fue enterrado durante tres días. Ella fue violada en esos tres días, un cuerpo muerto. Cuando lo oí por primera vez me sorprendió, ¿qué tipo de hombre la habría violado? Pero luego sentí que quizá no fuera algo tan extraño. Todos los hombres han reducido a las mujeres a cadáveres, al menos mientras están haciendo el amor.

El tratado sobre amor y sexo más antiguo es el *Kama Sutra* de Vatsyayana, aforismos sobre el sexo. Describe ochenta y cuatro posturas para hacer el amor. Y cuando los misioneros cristianos llegaron a Oriente, les sorprendió darse cuenta de que ellos sólo conocían una postura: el hombre encima, porque así el hombre tiene más movilidad, y la mujer está tumbada como un cadáver debajo de él.

La sugerencia de Vatsyayana es muy precisa, que la mujer debería estar encima. El hombre encima es muy poco civilizado; la mujer es más frágil. Pero la razón por la que los hombres han elegido estar encima es porque así pueden mantener a la mujer bajo control. Aplastada bajo la bestia, la bella se ve obligada a permanecer bajo control. La mujer ni siquiera debe abrir los ojos, porque eso es de prostitutas. Ella tiene que comportarse como una dama. Esta postura, la del hombre encima, se conoce en Oriente como la postura del misionero.

Se aproxima una gran revolución en la relación entre el hombre y la mujer. Están surgiendo institutos por todo el mundo, en los países avanzados, en los que enseñan a hacer el amor. Es lamentable que incluso los animales sepan cómo tienen que amar, y que al hombre haya que enseñarle. Y en esa enseñanza lo básico es el jugueteo previo y el posterior. Entonces el amor se vuelve una experiencia inmensamente sagrada...

Deberías abandonar el miedo a la intimidad y a perder totalmente el control con un hombre. Deja que el muy idiota tenga miedo; si él quiere tener miedo, eso es asunto suyo. Tú deberías ser auténtica y fiel a ti misma. Te estás mintiendo a ti misma, te estás engañando a ti misma, te estás destruyendo a ti misma.

¿Qué hay de malo en que el hombre flipe y salga corriendo de la habitación desnudo? ¡Cierra la puerta! Que todo el barrio se entere de que ese hombre está loco. Pero tú no necesitas controlar tu posibilidad de tener una experiencia orgásmica. La experiencia orgásmica es la experiencia de fundirse y disolverse, del estado sin ego, sin mente, sin tiempo.

Esto puede provocar tu búsqueda para encontrar una manera en que, sin ningún hombre, sin necesidad de pareja, puedas dejar la mente, puedas dejar el tiempo, y puedas entrar en el gozo orgásmico por tu cuenta. A eso lo llamo meditación auténtica...

No te preocupes, disfruta del juego en su totalidad, diviértete con ello. Si un hombre flipa, hay millones de hombres más. Un día encontrarás algún tío loco que no flipe [1].


*Te he oído decir que el 98 por 100 de las mujeres de Oriente nunca ha conocido el orgasmo. ¿Cuál es la razón por la que parecen tan llenas de encanto, y no frustradas como las mujeres occidentales?*

Es una lógica extraña de la vida, pero en cierta manera muy

---

[1] *The Razor's Edge,* cap. 26.

sencilla. En Oriente, el 98 por 100 de las mujeres no ha conocido el orgasmo. Tu pregunta es: «¿Cuál es la razón por la que parecen tan llenas de encanto, y no frustradas como las mujeres occidentales?» ¡Esa es la razón!

Tienes que estar en la situación de experimentar algo y que luego te lo nieguen; sólo entonces surge la frustración. Si no tienes ni idea de que existe algo como el orgasmo, entonces no es posible la frustración. Tampoco en Occidente, antes de este siglo, la mujer estaba frustrada, porque la situación aquí era la misma. Fue gracias al psicoanálisis y a las investigaciones profundas de las energías humanas que se descubrió que durante un milenio hemos vivido bajo una falacia. La falacia era que la mujer tiene un orgasmo vaginal, lo que se ha descubierto que no es cierto; ella no tiene un orgasmo vaginal en absoluto.

De hecho, la vagina de la mujer es totalmente insensible, no siente nada. Su orgasmo se produce en el clítoris, y esa es una parte completamente separada. Ella puede producir niños sin tener ningún orgasmo, puede hacer el amor sin tener ningún orgasmo. Por eso, durante siglos, tanto en Oriente como en Occidente la mujer se sentía satisfecha con ser madre. En cierta manera, ella estaba en contra del sexo, porque no le proporcionaba ningún gozo, tan sólo le daba un problema: el embarazo. Durante siglos, las mujeres han vivido como si fueran fábricas, reproduciendo hijos. El hombre las ha usado como fábricas, no como seres humanos, porque nueve de cada diez niños solían morir; de forma que si quieres dos o tres niños, la mujer tiene que producir dos o tres docenas de niños. Eso significa que durante toda su vida sexual, mientras es capaz de dar a luz la vida, ella queda embarazada una y otra vez; y el embarazo es sufrimiento.

Ella nunca ha estado a favor del sexo. Lo ha sufrido, lo ha tolerado. Ha participado en ello porque era su deber; y por dentro ha odiado a su marido porque es igual que un animal. ¿Por qué pensáis que las mujeres siempre han adorado a los santos célibes? La razón más profunda es que su celibato probaba que ellos eran seres más elevados. Ella no puede respetar a su propio marido de la misma forma.

Una vez que has tenido una relación sexual con una mujer, ella ya no puede respetarte. Es el precio, porque sabe que la has utilizado.

En todas las lenguas la expresión lo deja muy en claro: es el hombre el que hace el amor a la mujer, no viceversa. Es extraño... están haciendo el amor juntos, mutuamente, pero en todas las lenguas es siempre el hombre el que hace el amor; la mujer es sólo un objeto. La mujer sólo lo tolera y participa porque ha sido condicionada para que piense que es su obligación: el marido es el dios y ella tiene que procurar hacerle la vida lo más placentera posible.

Pero el sexo no le ha dado nada a la mujer. Y la han mantenido ignorante... porque el hombre debe de haberse dado cuenta muy pronto, cuando no existía el matrimonio y cuando los hombres y las mujeres eran libres como pájaros, el hombre debe de haberse dado cuenta –y las primeras mujeres también– de que ella tiene capacidad de orgasmo múltiple.

Para el marido es una señal muy peligrosa despertar las energías orgásmicas de la mujer. El marido no puede satisfacerla, ningún marido puede satisfacer a una mujer. Parece ser una disparidad, un error de la naturaleza, que ella pueda tener orgasmos múltiples mientras que el hombre sólo puede tener un orgasmo. Esa es la razón por la que en Oriente aún se da esa situación, en particular en las partes más interiores de la región. Hay que dejar de lado las ciudades modernas, en las que algunas mujeres puede que lo hayan descubierto a través de sus estudios, puede que hayan oído hablar de Masters y Johnson, que hayan descubierto la capacidad de la mujer de tener orgasmos múltiples.

Pero en Occidente se ha convertido en un problema, porque el descubrimiento del orgasmo múltiple se ha dado a la vez que la toma de conciencia de que el hombre ha estado engañando a la mujer durante siglos. El movimiento de liberación de la mujer estaba surgiendo al mismo tiempo, y las mujeres estaban tratando de descubrir todas las injusticias que los hombres habían cometido contra ellas. De pronto descubrieron este nuevo fenómeno, esta investigación, y las mujeres más fanáticas del movimiento de liberación se han vuelto lesbianas; porque sólo una mujer puede ayudar a otra mujer a tener orgasmos múltiples, porque no tiene nada que ver con la vagina.

Los cuerpos de los hombres y de las mujeres son muy similares, excepto que el hombre sólo tiene señales de los pechos y la mujer tiene pechos verdaderos; pero el hombre tiene las señales en su fisiología. El clítoris es sólo una señal del pene del hombre; es sólo un pequeño desarrollo, pero está fuera de la vagina. Los niños nacen de la vagina, y el hombre no necesita tocar el clítoris, y sin jugar con el clítoris la mujer no puede tener un orgasmo; así que resultaba muy sencillo evitarlo.

La mujer oriental parece más contenta porque no se da cuenta de lo que se está perdiendo. Tiene más encanto porque ni siquiera ha empezado a pensar en liberación alguna. Oriente, en su conjunto, ha vivido bajo el condicionamiento de estar contentos –tanto el hombre como la mujer– en la pobreza, en la esclavitud, en la enfermedad, en la muerte.

La idea de la revolución era imposible en la mente oriental porque el condicionamiento era tan fuerte y de tantos siglos de antigüedad: que lo que eres es la consecuencia de tus propias acciones en vidas pasadas...

La cuestión de por qué las mujeres parecen tan llenas de encanto, y no frustradas como en Occidente, es muy fácil de comprender: ellas han aceptado su destino. La mujer occidental, por primera vez en la historia, se está rebelando contra todas estas ideas ficticias sobre el destino, la ley del *karma,* las vidas pasadas...

La mujer occidental ha tenido que pasar por un período muy revolucionario que destruyó su contento, el encanto que siempre había tenido. Y la ha llevado al extremo; ha empezado a comportarse de una manera fea y desagradable. No es una rebelión con entendimiento, es sólo una actitud reaccionaria.

Entre las causas que determinaron el cambio entre la mujer occidental y la oriental, la primera es Karl Marx. Él propuso, y convenció a la *intelligentsia* del mundo entero, que la pobreza no tiene nada que ver con ninguna vida pasada, ni con el destino; que no está decidido por Dios quién debe ser pobre y quién debe ser rico. Es la estructura social, la estructura económica lo que decide quién va a ser pobre. Y esta estructura se puede cambiar, porque no está creada por Dios –no hay Dios, como tal–, está creada por el hombre...

Así que el primer martillazo vino de Karl Marx. El segundo martillazo vino de Sigmund Freud. Él declaró que hombres y mujeres son iguales, pertenecen a la misma especie, y cualquier teoría o filosofía que condene a las mujeres es simplemente inhumana y machista. Y luego el tercer y último martillazo vino de las investigaciones de Masters y Johnson, que revelaron que la mujer ha sido privada del orgasmo durante siglos. Probaron que el comportamiento del hombre ha sido realmente inhumano. En lo referente a sus propias necesidades sexuales, el hombre utilizó a la mujer, pero no permitió que la mujer disfrutara del sexo.

Estas tres cosas han cambiado toda la atmósfera en Occidente; pero estas tres cosas aún no han penetrado en la mente oriental, tradicional. Como consecuencia, la mujer occidental está en pie de guerra. Pero es un fenómeno reaccionario; por eso no estoy a favor de lo que pasa en nombre de la liberación de la mujer.

Quiero que las mujeres se liberen, pero no que se vayan al otro extremo, ya que eso es tratar de ser vengativas, es tratar de hacer al hombre exactamente lo mismo que el hombre le ha hecho a ella.

Esto es una pura estupidez. El pasado es el pasado, ya no existe, y lo que ha hecho el hombre ha sido hecho inconscientemente. No se trataba de algo consciente contra las mujeres. Ni él era consciente, ni la mujer era consciente.

El movimiento de liberación de la mujer está declarando que no quieren tener ninguna relación con los hombres, romped todas las relaciones con los hombres. Están promoviendo el lesbianismo, un paralelo de la homosexualidad, que las mujeres sólo deberían amar a otras mujeres y boicotear a los hombres. Esto es pura perversión. Y como reacción, las mujeres deberían hacer al hombre todo lo que él les ha hecho a ellas: portarse mal, maltratar, decir obscenidades como siempre ha hecho el hombre, fumar cigarrillos como siempre ha hecho el hombre.

Naturalmente, están perdiendo su encanto, su belleza... se visten como siempre ha vestido el hombre. Pero es un extraño fenómeno que la manera de vestir tenga tanta influencia. La ropa de la mujer oriental tiene encanto, y da encanto a todo su cuerpo. La mujer occidental está tratando de competir con los vaqueros: pantalones tejanos, ropas de aspecto estúpido, cortes de pelo muy feos.

Quizá piensen que se están vengando, pero se están destruyendo a sí mismas. La venganza siempre te destruye, la reacción siempre te destruye. Me gustaría que se comportaran como rebeldes[2].

*Me siento atraída casi siempre por mujeres y sólo en muy raras ocasiones profundamente por un hombre. Esto me molesta un poco. Por favor, ¿podrías decir algo sobre esto?*

El sexo ha sido llamado el pecado original, no es ni original ni pecado. Incluso antes de que Adán y Eva comieran el fruto del árbol del conocimiento ya tenían relaciones sexuales, y todos los demás animales del jardín del Edén, también. Lo único que sucedió después de comer el fruto del conocimiento fue la conciencia: se dieron cuenta de ello. Y al darse cuenta les dio vergüenza.

¿Por qué les dio vergüenza? ¿De dónde vino la vergüenza? Les dio vergüenza porque vieron que se estaban comportando igual que los demás animales. Pero ¿qué hay de malo en comportarse como los demás animales? El hombre también es un animal. Pero apareció el ego: la fruta del conocimiento creó el ego. Creó la superioridad, la idea de la superioridad: «Somos seres humanos superiores. Estos animales estúpidos, si hacen ciertas cosas se les puede perdonar. Pero a nosotros no se nos puede perdonar, esto está por debajo de nuestra dignidad.»

El sexo es una actividad tan fundamental en la naturaleza que el ego del hombre empezó a intentar librarse de él.

Lo primero que me gustaría que recordaras es: el sexo es natu-

---

[2] *The Rebel*, cap. 29.

ral. No hay ninguna necesidad de hacer esfuerzo alguno para librarse de él, aunque sé que llega un momento en que lo trasciendes, pero eso es algo totalmente diferente. No puedes librarte de él mediante tu esfuerzo. Si tratas de librarte de él, serás víctima de perversiones. El hombre ha creado muchos tipos de perversiones porque durante siglos ha estado tratando de librarse del sexo. La homosexualidad ha surgido porque hemos privado a la gente de la heterosexualidad. La homosexualidad surgió como fenómeno religioso en los monasterios porque forzamos a los monjes a vivir juntos en un lugar y a las monjas a vivir en otro lugar, y los separamos con grandes muros.

Todavía ahora hay monasterios católicos en Europa en los que no ha entrado una sola mujer durante mil doscientos años, ni siquiera se permitió que entrara un bebé de seis meses, una bebita. ¿Qué tipo de personas viven ahí que tienen miedo de una niña de seis meses? ¿Qué tipo de personas? Deben de haberse pervertido muchísimo, deben de tener miedo de que podrían hacer algo. No pueden fiarse de sí mismos.

La homosexualidad *tiene* que suceder. Sucede sólo en los monasterios y en el ejército, porque estos dos son los sitios en los que no se permite que se mezclen los hombres y las mujeres. O sucede en los internados de chicos y de chicas; tampoco ahí se les permite mezclarse. El fenómeno entero de la homosexualidad es una consecuencia de esa educación estúpida. La homosexualidad desaparecerá del mundo el día que se permita a hombres y mujeres encontrarse de manera natural.

Desde la misma infancia empezamos a separarlos. Si un chico juega con chicas lo condenamos. Decimos: «¿Qué haces? ¿Eres un mariquita? ¡Eres un chico, eres un hombre! ¡Sé un hombre, no juegues con las chicas!» Si un chico juega con muñecas, inmediatamente lo condenamos: «Eso es de chicas.»

Si una chica trata de subirse a un árbol, la paramos inmediatamente: «Eso no está bien; eso va contra el encanto femenino.» Y si una chica intenta persistir y se rebela, la llamamos marimacho; no se la respeta. Empezamos a crear estas feas divisiones. A las chicas les gusta subirse a los árboles; es una experiencia muy hermosa. ¿Y

qué tiene de malo jugar con muñecas? ¡Un chico puede tener muñecas, porque en su vida tendrá que conocer a muñecas y entonces
no se le ocurrirá qué hacer!

Todo este fenómeno no tiene nada que ver contigo personal-
mente. Es una enfermedad social extendida por todo el mundo.

Dos caballeros ingleses de la vieja escuela hablaban una noche
sobre viejos conocidos en su club de Londres.

–¿Qué ha sido –preguntó uno– del viejo Cholmondeley?

–¿Cómo? ¿No te has enterado? Cholmondeley fue a África de
cacería y, ¡por Júpiter, el tío se lió con un mono!

–¿Un mono? ¿El viejo es maricón?

–¡No, por Dios! Era una hembra.

Si es una hembra, incluso de mono, entonces todo está perfectamente bien.

Creamos estos condicionamientos tan profundamente que de
tanto condicionamiento la gente a veces empieza a rebelarse contra ellos. El sexo debería tomarse de forma *muy* natural, nos *lo* hemos estado tomando muy en serio. O *lo* condenamos como feo y
animal, o lo elevamos a la categoría de algo divino, pero nunca lo
aceptamos como humano y nunca lo aceptamos como diversión.
¡Básicamente, es algo divertido, es un buen deporte! Y la humanidad va a seguir cargada con feas tonterías si no aceptamos su belleza como deporte. Es también una buena actividad física, y el mejor de los ejercicios.

Podéis preguntar a los especialistas del corazón. Ahora dicen
que la actividad sexual previene los ataques al corazón. Una cosa es
cierta, que ningún hombre ha tenido nunca un ataque al corazón
mientras hacía el amor. En cualquier otro tipo de actividad se han
producido ataques al corazón, pero nunca haciendo el amor. ¿Has
oído alguna vez que alguien haya tenido un ataque al corazón haciendo el amor y se haya muerto? No, nunca. Es una actividad física natural, y divertida, un buen deporte.

Si no te lo tomas de manera seria, no hay necesidad de preocuparse, incluso si te sientes atraída por mujeres. No te preocupes, por-

que tu preocupación no te va a ayudar. Está perfectamente bien. En un mundo realmente libre, no condicionado por el pasado primitivo e ignorante, en un mundo realmente iluminado, aceptaremos todas estas cosas. Sí, de vez en cuando puede que ames a una mujer o a un hombre. No hay nada de malo en ello, porque dentro de ti están los dos. Cada hombre es hombre y mujer, y cada mujer es mujer y hombre, porque todos nacemos del encuentro de un hombre y una mujer. De forma que la mitad de ti viene de tu padre y la otra mitad viene de tu madre; parte de ti es hombre y parte de ti es mujer.

Así que no hay nada de qué preocuparse. Puede que tu parte masculina se sienta atraída por otras mujeres, pero como biológicamente eres una mújer, te da miedo. ¡No hay necesidad de tener miedo! Tómatelo todo con calma, ese es mi enfoque básico. Tómatelo con calma. Y tomándose las cosas con calma, uno puede trascenderlas más cómoda, conveniente y rápidamente que tomándoselas muy en serio. Si te las tomas en serio, te quedas liado en ellas, se vuelven una carga para ti.

Y lo que cuentas no es un gran problema. Hay problemas mucho mayores...

Dices: «Me siento atraída casi siempre por mujeres y sólo en muy raras ocasiones profundamente por un hombre.»

Bien, por lo menos te sientes atraída por alguien. Existe la posibilidad del amor. Hay personas tan embotadas, tan muertas, tan insensibles, que sólo se sienten atraídas por el dinero o el poder político, o por la fama. Pero no se las considera pervertidas. Estos son los *verdaderos* pervertidos: el dinero lo es todo en su vida, es su devoción: el dinero es su Dios. Tú estás en una situación muchísimo mejor; por lo menos no estás enamorada del dinero.

Te sientes atraída por mujeres: perfectamente bien. Profundiza en tu relación con mujeres. Si lo conviertes en una ansiedad no podrás profundizar en la relación con una mujer. Si entras en relación profunda con mujeres, mi entendimiento es que tarde o temprano descubrirás que esta relación no puede ser muy satisfactoria, porque dos mujeres son similares entre sí. Y una relación necesita una cierta tensión para ser satisfactoria, una cierta polaridad para ser satisfactoria. Dos mujeres enamoradas, o dos hombres enamorados, tendrán una buena relación, pero no será muy picante. Será un poco apagada, monótona, un poco aburrida.

Pero si profundizas, sólo entonces te darás cuenta de estas cosas. Tu ansiedad no te permitirá profundizar, y entonces durante toda tu vida permanecerás interesada y atraída por las mujeres.

Mi enfoque respecto a todos los problemas es que si hay algo, entra *en profundidad* en ello, de forma que o bien encuentres el tesoro, si tiene algún tesoro, o bien descubras que está vacío. En ambos casos, te has enriquecido. Si encuentras el tesoro, por supuesto que te has enriquecido. Si descubres que está vacío, ya has acabado con ello.

Dos mujeres en una relación no pueden tener una gran historia de amor. Permanecerá en tierra lisa; no tendrá cimas y no tendrá profundidades. De forma que la gente que tiene miedo a las cimas y las profundidades la encontrarán muy cómoda, conveniente. Por eso a los homosexuales se les llama *gay*[3], alegres. Parecen alegres; parecen mucho más alegres que los heterosexuales. Los heterosexuales siempre tienen muchos más líos, más conflictos, más peleas, menos comprensión. Tiene que ser así, porque dos mujeres pueden comprenderse mutuamente mucho mejor que un hombre y una mujer. Dos hombres pueden comprenderse mutuamente mucho mejor, porque son del mismo tipo, pero faltará la chispa. Sí, habrá una cierta alegría, pero *no* gran poesía, no un gran romance, suave. La relación será homeopática. No tendrá aventura, sorpresas: prudente, segura, con más comprensión, menos conflicto, menos críticas persistentes...

Una relación homosexual es como un poco de sacarina, demasiado dulce, un poco nauseabunda. Pero una relación hombre/mujer siempre está en dificultades. No te puedes dormir, tu pareja no te dejará. Están siempre pinchándose el uno al otro. Y son mundos tan diferentes; *esa* es la atracción.

---

[3] El significado original de la palabra inglesa *gay* (utilizada para designar a los homosexuales) es «alegre». *(N. del T.)*

Profundiza todo lo posible en tu relación con mujeres, no te preocupes. Pronto verás que hay un tipo diferente de relación que sólo puede existir entre polos opuestos. Entonces entra en una relación profunda con un hombre, porque sólo entrando en una relación profunda con un hombre podrás llegar a saber que ninguna relación satisface plenamente. Ni siquiera la relación hombre/mujer es suficiente; nunca da la satisfacción que promete.

Y sólo a través de tu propia experiencia –no a través de lo que dicen los budas, no a través de lo que yo digo–, sólo a través de tu propia experiencia podrás trascender todas las relaciones un día. Entonces podrás ser feliz sola. Y la persona que puede ser feliz sola es *realmente* un individuo. Si tu felicidad depende de otra persona, eres un esclavo; no eres libre, estás atado.

Cuando eres feliz solo, cuando puedes vivir contigo mismo, no hay necesidad intrínseca de mantener una relación. Eso no significa que no te relacionarás. Pero relacionarse es una cosa, y tener una relación es otra bien distinta. Una relación es un tipo de atadura, relacionarse es compartir. Te relacionarás con muchas personas, compartirás tu alegría con muchas personas, pero no dependerás de nadie en particular y no dejarás que nadie dependa de ti. No serás dependiente, y no dejarás que nadie sea dependiente de ti. Entonces vives desde la libertad, desde la alegría, desde el amor.

Dices: «Esto me molesta un poco.»

Que no te moleste en absoluto, ni siquiera un poco. Disfrútalo. No es culpa tuya. Habéis sido educados por cristianos, jainistas, hindúes, budistas, no es culpa vuestra. ¿Qué puedes hacer? Llegas a un mundo que ya está condicionado, y llegas tan inocente, tan limpia, sin darte cuenta de lo que te va a suceder. Y tus padres empiezan a escribir en ti, y la sociedad entera empieza a escribir cosas en ti. No es culpa tuya, es simplemente sintomático de una sociedad enferma.

Tenemos que transformar la sociedad. Pero la única forma de transformarla es transformar a los individuos; no hay otra manera, no hay ningún atajo. Disfrútalo, está bien, no es suficiente, pero aun así está bien. Te llevará a una relación heterosexual; eso es un poco mejor. Ni siquiera eso te va a satisfacer. Entonces eso te llevará al estado de meditación, a la soledad, a esa belleza, esa bendición que sólo sucede cuando estás solo[4].

---

[4] *Be Still and Know*, cap. 1.

# Capítulo 5

# Matrimonio

*¿Por qué es tan difícil que los hombres y las mujeres sean amigos? Parece algo tan corriente, y luego resulta ser casi imposible. O hay un arreglo feo –como ser marido y mujer–, o bien pasión que con el tiempo se convierte en odio. ¿Por qué hay siempre fealdad entre los hombres y las mujeres?*

E S MUY fácil de comprender. El matrimonio es la institución más fea que ha inventado el hombre. No es natural; ha sido inventado para que podáis monopolizar a una mujer. Habéis estado tratando a las mujeres como si fueran trozos de tierra, o billetes de banco. Habéis reducido a la mujer a una cosa.

Y recuerda que si reduces a cualquier ser humano a una cosa –ignorante, inconsciente–, también tú quedas reducido al mismo estado; de otra forma, no podrás comunicarte. Si puedes hablar con una silla, tú también debes ser una silla.

El matrimonio va en contra de la naturaleza.

Sólo puedes estar seguro acerca del momento presente. Todas las promesas para mañana son mentiras, y el matrimonio es una promesa para toda la vida, que permaneceréis juntos, que os amaréis, que os respetaréis mutuamente hasta exhalar el último suspiro.

Y esos sacerdotes, que son los inventores de tantas cosas feas, os dicen que los matrimonios se hacen en el cielo. Nada se hace en el cielo; el cielo no existe.

Si escuchas a la naturaleza, tus problemas, tus preguntas, simplemente se evaporarán. El problema es el siguiente: biológicamente el hombre se siente atraído por la mujer, pero esa atracción no puede permanecer igual para siempre. Te sientes atraído por algo cuya consecución es un desafío. Ves a un hombre guapo, a una mujer guapa; te sientes atraído. No hay nada de malo en ello. Sientes que tu corazón late más rápido. Te gustaría estar con esa mujer o ese hombre, y la atracción es tan tremenda que en ese momento piensas que te gustaría vivir con ese alguien para siempre.

Los amantes no engañan, están diciendo la verdad, pero esa verdad pertenece al momento. Cuando los amantes se dicen el uno al otro: «No puedo vivir sin ti», no es que él esté mintiendo o que ella esté mintiendo, lo dicen en serio. Pero no conocen la naturaleza de la vida. Mañana esta misma mujer no parecerá tan bella. Según pasen los días, tanto el hombre como la mujer se sentirán presos.

Han conocido la geografía del otro completamente. Primero era un territorio desconocido que descubrir, ahora no queda nada por descubrir. Y seguir repitiendo las mismas palabras y los mismos actos: resulta mecánico, feo. Por eso la pasión se convierte en odio. La mujer te odia, porque vas a volver a hacer lo mismo de nuevo. Para impedírtelo, en cuanto el marido entra en casa ella se va a la cama, tiene dolor de cabeza. Lo que quiere es evitar de alguna forma caer en la misma rutina. Y el hombre está ligando con su secretaria en la oficina; ahora ella es un territorio desconocido.

Para mí, todo es naturaleza. Lo que no es natural es atar a la gente en nombre de la religión, en nombre de Dios, para toda la vida.

En un mundo mejor, más inteligente, la gente amará, pero no hará contratos. ¡No es un negocio! Se comprenderán mutuamente, y comprenderán el flujo cambiante de la vida. Serán sinceros. En cuanto el hombre sienta que su amada ya no le produce ninguna alegría, le dirá que ha llegado el momento de separarse. No hay necesidad de matrimonio, no hay necesidad de divorcio. Entonces será posible la amistad.

Me preguntas por qué no es posible la amistad entre los hombres y las mujeres... No es posible la amistad entre el carcelero y el prisionero. La amistad es posible entre seres humanos iguales, totalmente libres de todas las ataduras de la sociedad, la cultura, la civilización, que viven de acuerdo con su auténtica naturaleza.

No es ningún insulto a la mujer decirle: «Cariño, se acabó la luna de miel.» No es ningún insulto al hombre si la mujer dice: «Ahora las cosas ya no pueden ser bonitas. El viento que soplaba ya no está aquí. Ha cambiado la estación, ya no es primavera entre nosotros; no salen las flores, no surgen las fragancias. Es hora de separarse.» Y como no existe la atadura legal del matrimonio, no surge la cuestión del divorcio.

Es muy feo que los tribunales y la ley y el Estado interfieran en tu vida privada, tienes que pedirles permiso. ¿Quiénes son ellos? Es una cuestión entre dos individuos, un asunto privado.

Serán sólo amigos, no maridos, no esposas. Por supuesto, si sólo hay amistad, la pasión nunca se convertirá en odio. En cuanto sientas que la pasión desaparece, dirás adiós, y se comprenderá. Incluso si duele, no hay nada que se pueda hacer, así es la vida.

Pero el hombre ha creado sociedades, culturas, civilizaciones, normas, reglas, y ha hecho que la humanidad ya no sea natural. Por eso los hombres y las mujeres no pueden ser amigos. Y los hombres y las mujeres se vuelven maridos y esposas, lo cual es algo absolutamente feo; empiezan a poseerse el uno al otro.

Las personas no son cosas, no puedes ser su dueño. Si creo que tu mujer es hermosa, y me acerco a ella, te enfadas, estás dispuesto a luchar porque me estoy acercando a tu propiedad. Ninguna esposa es propiedad de nadie, ningún marido es propiedad de nadie. ¿Qué tipo de mundo habéis creado? Las personas se ven reducidas a propiedades; entonces hay celos, odio.

Tú mismo sabes que te sientes atraído por la mujer del vecino. Naturalmente, también puedes adivinar lo que le pasa a tu mujer. Tu mujer sabe perfectamente bien que se siente atraída por otra persona, pero no puede acercarse a esa persona a causa del marido. ¡Él está ahí con una pistola! El amor se volverá necesariamente odio, y durante toda la vida se va acumulando el odio. ¿Y piensas que de este odio van a nacer niños hermosos? No nacen del amor, sino de la obligación. Es obligación de la mujer permitirte que la utilices.

A decir verdad, no hay diferencia entre las esposas y las prostitutas. La diferencia es como la que hay entre tener tu propio coche o ir en taxi.

A una prostituta la compras sólo por unas horas; las esposas son un asunto a largo plazo, es más económico. A las familias reales no se les permite casarse con alguien que no tenga sangre real: posición, dinero, poder... Nadie puede amar a nadie en semejantes circunstancias, en las que la relación es financiera.

La mujer depende de ti porque tú ganas dinero. Y durante siglos los hombres no han permitido que las mujeres tengan una educación, que entren en el mundo de los negocios, que tengan trabajo, por la sencilla razón de que si la mujer tiene su propia posición financiera, su propia cuenta bancaria, no puedes reducirla a una cosa. Así que ella tiene que depender de ti. ¿Y piensas que alguien que tiene que depender de ti te amará?

Toda mujer quiere matar a su marido. Es otra cuestión que no lo mate, porque si lo mata, ¿qué hará? No tiene estudios, no tiene experiencia en la sociedad, no tiene ninguna forma de ganarse la vida. El marido –todos los maridos, no hago ninguna excepción– quiere librarse de su mujer. Pero no puede librarse de ella. Están los niños, y él mismo le ha prometido a la mujer miles de veces que la quiere. Cuando se va a trabajar besa a la esposa. No hay ningún amor en ello, sólo dos esqueletos que se tocan. Nadie está presente.

El hombre ha creado una sociedad en la que la amistad entre el hombre y la mujer es imposible.

Recuerda que la amistad es tan valiosa que, sean cuales sean las consecuencias, sigue siendo amigo incluso de tu esposa, incluso de tu marido, y permitíos una libertad absoluta y total el uno al otro.

No veo ningún problema. Si amo a una mujer y un día me dice que se ha enamorado de otro y que se siente muy feliz, yo seré feliz. La amo, y quisiera que sea feliz, ¿cuál es el problema? La ayudaré en todo lo que pueda para que pueda ser más feliz. Si ella puede ser más feliz con otro, ¿qué es lo que me duele?

Lo que duele es el ego: ella ha encontrado a otro que es mejor que tú. No es cuestión de que sea mejor, puede que se trate tan sólo de tu chófer, es cuestión de un pequeño cambio. Y si os dais libertad completa el uno al otro, quizá podáis permanecer juntos toda la vida, o toda la eternidad, porque no hay necesidad de librarse el uno del otro.

El matrimonio crea la necesidad de librarse el uno del otro, porque significa que te quitan la libertad, y la libertad es el valor más elevado en la vida humana. Haz que todas las parejas sean libres y te sorprenderás: este mismo mundo se convierte en el Paraíso.

Hay otros problemas. Tenéis hijos, ¿qué hacer con los hijos? Mi respuesta es que los hijos no deberían pertenecer a sus padres, deberían pertenecer a la comuna. Entonces no hay problema. Los padres pueden estar con los hijos, pueden invitarlos, pueden ser amigos de sus hijos; y sin embargo, los hijos no dependen de ellos, pertenecen a la comuna. Y esto destruirá muchos problemas psicológicos.

Si un niño sólo conoce a su madre, la personalidad de la madre se convierte en una marca psicológica para él. Ahora se pasará toda la vida intentando encontrar una mujer que sea como su madre, y nunca encontrará una mujer así. Una niña nunca encontrará a otro hombre que sea una copia exacta de su padre. Entonces no puedes estar satisfecho con ninguna mujer, con ningún hombre.

Pero si los niños pertenecen a la comuna, entrarán en contacto con muchísimos tíos y tías, no llevarán una imagen única en sus mentes. Tendrán una idea vaga de la femineidad o la masculinidad, y a esa idea habrá contribuido mucha gente de la comuna; será multidimensional. Existe la posibilidad de encontrar a alguien, porque sólo tienes una idea vaga. Puedes encontrar a alguien, y esa persona convertirá tu idea vaga en sólida, en una realidad. Ahora mismo tienes una idea sólida en tu interior, y encuentras a una persona vaga. Tarde o temprano llega la decepción.

Y al pertenecer los niños a la comuna aprenderán mucho, serán más amistosos, estarán más abiertos a todo tipo de influencias. Serán más ricos. Un niño criado por una pareja es muy pobre. No sabe que existen millones de personas con mentes diferentes, con diferentes tipos de belleza. Si un niño entra en la comuna, naturalmente será mucho más rico. Y habrá aprendido mucho mejor, antes de decidir estar con alguien, que existe la posibilidad de una larga amistad.

¿Qué sucede ahora? Ves a una chica en la playa y te enamoras. No sabes nada sobre ella, sólo conoces su maquillaje. Mañana por la mañana cuando os levantéis y el maquillaje ya no esté, dirás: «¡Dios mío! ¿Qué he hecho? ¡Ésta no es la mujer con la que me casé, es otra!» Pero tampoco puedes faltar a tu palabra. Y si lo haces, entonces ahí está el Gobierno, ahí están los tribunales para devolverte al buen camino. Esta es una situación muy fea, enferma.

A las personas debería dárseles libertad para que se conozcan, para que conozcan a tanta gente como sea posible, porque cada persona es tan única que no es posible la comparación. Dejad que el niño beba de muchas fuentes, y tendrá una idea más clara sobre quién va a ser la persona adecuada con la que vivir.

Nadie se enamorará; todos decidirán conscientemente que «ésta es la persona». Ha conocido a mucha gente, comprende que ésta es la persona que tiene esas características, esas cualidades que ama. Y también entonces va a ser sólo una amistad. No hay miedo. Si mañana cambian las cosas, no pasa nada.

La sociedad no debería vivir de manera rutinaria, de una manera fija —estática, letárgica—; debería ser un flujo en movimiento. Una mujer puede darte un cierto tipo de alegría, otra mujer puede darte otro tipo de gozo. Una tercera mujer será una sorpresa. Así que ¿por qué permanecer pobre?, ¿sólo porque Jesús ha dicho: «Bienaventurados son los pobres»?

Sé más rico en todas las dimensiones, y permanece abierto y disponible. Y con quienquiera que estés, haz que esa persona comprenda claramente que «Entre nosotros hay libertad, no un contrato de matrimonio. Nos unimos con libertad, sin promesas para el futuro, porque ¿quién conoce el futuro?»

Cuando yo era estudiante en la universidad en el último curso del máster, había una chica muy interesada en mí. Era muy guapa, pero mi interés no estaba en las mujeres en aquellos momentos. ¡Estaba buscando a Dios como un loco!

Después de los exámenes, cuando ella se iba de la universidad... Ella había esperado —yo lo sabía—, ella había esperado y esperado que yo me aproximara a ella. Esa es la manera habitual, que el hombre se aproxime a la mujer; es elegante que no sea la mujer la que se aproxime al hombre. Una idea extraña... no la entiendo. Quienquiera que se aproxime, es elegante. De hecho, quienquiera que empiece es valiente.

Cuando nos íbamos de la universidad, se dijo: «Ya no hay ninguna posibilidad.» Me llevó aparte y dijo: «Durante dos años he estado esperando continuamente. ¿Es que no podemos estar juntos para toda la vida? Te amo.»

Yo dije: «Si me amas, entonces por favor déjame en paz. Yo también te amo, por eso te dejo en paz, porque sé lo que ha estado sucediendo en nombre del amor. La gente se vuelve prisionera, encadenada; pierden toda su alegría, la vida se vuelve un mal rollo. Así que éste es mi consejo de despedida para ti –le dije–: "Nunca trates de aferrarte a una persona para toda la vida."»

Si dos personas quieren estar juntas hoy, es más que suficiente. Si mañana quieren estar juntos de nuevo, bien. Si no quieren, es un asunto privado; nadie debe interferir.

Hasta ahora, siempre ha surgido el problema de los hijos. Mi respuesta es que los hijos deberían pertenecer a la comuna. Pueden acudir a sus padres, no importa si éstos están juntos o separados. Y deberían aprender de sus padres que el amor no es una esclavitud, es libertad. Y deberían entrar en la comuna, probando, disfrutando cualidades diferentes de personas diferentes.

Para que cuando llegue el momento de decidir, su decisión no sea del tipo tonto de «enamorarse»; será un fenómeno muy considerado, reflexionado, meditado. Existe la posibilidad de que permanezcan juntos durante toda la vida. De hecho, la posibilidad es mayor; más personas permanecerán juntas.

Si desaparece el matrimonio, el divorcio desaparece automáticamente. Es una consecuencia del matrimonio. Nadie toma nota de este simple hecho: ¿por qué ha habido prostitutas durante siglos? ¿Quién las creó? ¿Quién es el responsable de estas pobres mujeres? Es la institución del matrimonio.

Estás aburrido de tu esposa; sólo para variar vas a una mujer que no va a suponer una atadura, porque una ya es suficiente, dos sería ya demasiado. Es un encuentro temporal, de unas pocas horas. Puedes mostrarte encantador por unas pocas horas, amoroso por unas pocas horas. Ella puede mostrarse encantadora y amorosa por unas pocas horas. Y además, ha sido pagada para eso.

Por todo el mundo millones de mujeres se ven reducidas a vender su cuerpo. ¿Quién lo ha hecho? Vuestros líderes políticos, vuestros líderes religiosos. Yo considero criminales a esas personas. Y no criminales corrientes, porque durante siglos toda la humanidad ha estado sufriendo a causa de estos pocos idiotas.

Pero tienes que empezar contigo mismo, no hay otra forma. Si amas a alguien, entonces la libertad debería ser el lazo conector entre vosotros. Y si ves a tu mujer abrazando a otra persona mañana, no es necesario estar celoso. Ella se está enriqueciendo, está probando un poco de novedad, ¡al igual que de vez en cuando vas a un restaurante chino! Eso es bueno. Volverás a tu propia comida, pero el restaurante chino te ha ayudado; ahora puedes apreciar más tu propia comida.

Pero después de unos pocos días, de nuevo —así es la mente— vas hacia un restaurante italiano... ¡espaguetis!

La vida es tan sencilla y tan bella, sólo falta una cosa: libertad. Si tu esposa está con otras personas, pronto volverá a ti enriquecida, habiendo comprendido cosas nuevas. Y descubrirá en ti algo que nunca había descubierto antes. Y mientras tanto, no es necesario que tú te quedes sentado en tu silla comiéndote el coco. Tú también debes ganar experiencia, para que cuando vuelva tu esposa tú también seas nuevo. Tú también has estado en el restaurante chino.

La vida debería ser alegría, gozo. Y sólo entonces puede haber amistad entre los hombres y las mujeres; si no, van a seguir siendo enemigos íntimos[1].

*Si el amor queda destruido en el matrimonio, ¿cómo debemos vivir si deseamos compartir el amor y nues-*

---

[1] *From the False to the Truth*, cap. 1.

*tros pensamientos cotidianamente, y también criar ni-*
*ños con la madre y el padre?*

Yo nunca he dicho que el amor sea destruido por el matrimonio. ¿Cómo puede el matrimonio destruir el amor? Sí, es destruido en el matrimonio, pero lo destruyes *tú*, no el matrimonio. Lo destruyen los miembros de la pareja. ¿Cómo puede el matrimonio destruir el amor? Eres tú quien lo destruye, porque no sabes lo que es el amor. Simplemente haces como si supieras, simplemente confías en que sabes, sueñas que sabes, pero no sabes lo que es el amor. El amor hay que aprenderlo; es el mayor arte que existe.

Si hay gente bailando y alguien te pide: «Ven a bailar», tú dices: «No sé.» No saltas sin más y te pones a bailar y haces que todo el mundo piense que eres un gran bailarín. Lo que harás es quedar como un payaso. No probarás que sabes bailar. Hay que aprender, la gracia del baile, su movimiento. Tienes que entrenar el cuerpo para ello.

No vas y te pones a pintar sin más porque hay un lienzo disponible y hay un pincel y colores. No te pones a pintar sin más. No dices: «Están todos los requisitos, así que puedo pintar.» Puedes pintar, pero no serás un gran pintor de esa manera.

Conoces a una mujer, ahí está el lienzo. Inmediatamente te vuelves un amante, empiezas a pintar. Y ella empieza a pintar en ti. Por supuesto, los dos acabaréis quedando como dos tontos –tontos pintados– y tarde o temprano comprenderéis lo que sucede. Pero nunca pensaste que el amor es un arte. No has nacido con ese arte, no tiene nada que ver con tu nacimiento. Tienes que aprenderlo. Es el arte más sutil.

Has nacido con sólo una capacidad. Por supuesto, has nacido con un cuerpo; puedes ser bailarín porque tienes cuerpo. Puedes mover tu cuerpo y puedes ser bailarín, pero tienes que aprender a bailar. Se necesita mucho esfuerzo para aprender a bailar. Y bailar no es tan difícil porque estás implicado tú solo en ello.

El amor es mucho más difícil. Es bailar con otra persona. El otro también es necesario para saber lo que es bailar. Encajar con alguien es un gran arte. Crear una armonía entre dos personas... dos personas significa dos mundos diferentes. Cuando dos mundos se acercan, habrá un choque si no sabes cómo armonizar. El amor es armonía. Y la felicidad, la salud, la armonía, todo ello sale del amor. Aprende a amar. No tengas prisa por el matrimonio, aprende a amar. Primero vuélvete un gran amante.

¿Y cuál es el requisito? El requisito es que un gran amante siempre está dispuesto a dar amor y no se preocupa si se lo devuelven o no. Siempre es devuelto, esa es la naturaleza de las cosas. Es como si vas a las montañas y cantas una canción, y los valles responden. ¿Has visto un sitio con eco en las montañas, en las colinas? Gritas y los valles gritan, o cantas y los valles cantan. Cada corazón es un valle. Si viertes tu amor en él, responderá.

La primera lección del amor es no pedir amor, sino simplemente darlo. Da siempre. Y la gente está haciendo justo lo contrario. Incluso cuando dan, sólo dan con la idea de que el amor debería volver a ellos. Es un negocio. No comparten, no comparten libremente. Comparten con una condición. Siguen mirando con el rabillo del ojo a ver si vuelve o no. Gente muy pobre... no conocen el funcionamiento natural del amor. Tú simplemente da, y ya vendrá.

Y si no viene, no hay nada de qué preocuparse, porque un amante sabe que amar significa ser feliz. Si viene, bien; entonces la felicidad se multiplica. Pero incluso si nunca viene de vuelta, el acto mismo de amar te hace tan feliz, tan extático... ¿qué importa si viene o no?

El amor tiene su propia felicidad intrínseca. Sucede cuando amas. No hay necesidad de esperar el resultado. Simplemente, empieza a amar. Poco a poco verás que mucho más amor vuelve a ti. Tan sólo amando uno ama y llega a saber lo que es el amor. Igual que uno aprende a nadar nadando, amando uno ama.

Y la gente es muy tacaña. Esperan que llegue algún gran amado, y entonces amarán. Permanecen cerrados, permanecen ensimismados. Simplemente, esperan. De alguna parte llegará alguna Cleopatra y entonces abrirán su corazón, pero para entonces ya han olvidado completamente cómo abrirlo.

No pierdas ninguna oportunidad de amar. Incluso paseando por la calle puedes ser amoroso. Incluso con un mendigo puedes ser amoroso. No es necesario que tengas que darle algo; puedes sonreír, al menos. No cuesta nada, pero tu sonrisa misma abre tu corazón, hace que tu corazón esté más vivo. Toma a alguien de la mano, un amigo o un extraño. No esperes pensando que sólo amarás cuando aparezca la persona apropiada. Entonces la persona apropiada no aparecerá nunca. Sigue amando. Cuanto más amas, mayor es la posibilidad de que aparezca la persona adecuada, porque tu corazón comienza a florecer. Y un corazón en flor atrae a muchas abejas, a muchos amantes.

Te han educado de una manera muy equivocada. Primero, todo el mundo vive con la falsa impresión de que todo el mundo ya sabe amar. Sólo por haber nacido crees que ya sabes amar. No es tan sencillo. Sí, hay potencial, pero el potencial hay que entrenarlo, disciplinarlo. Existe una semilla, pero tiene que florecer. Conviértete en una flor, no te quedes en semilla.

Dos personas que no son felices por separado, harán que el otro esté aún peor cuando se junten. Eso es matemático. Tú no eras feliz, tu esposa no era feliz, ¿y esperáis que estando juntos vais a ser felices los dos? Esto es una aritmética muy sencilla, como que dos y dos son cuatro. Es así de simple. No forma parte de ninguna aritmética más elevada; es muy corriente, lo puedes contar con los dedos. Ninguno de los dos será feliz.

—¿Ya no me amas? —preguntó la esposa de Mulla Nasrudin—. Ya nunca me dices nada agradable como solías hacer cuando nos hacíamos la corte. —Ella enjugó una lágrima de uno de sus ojos con el borde de su delantal.

—Te amo, te amo —replicó Mulla Nasrudin—. Y ahora, por favor, ¿vas a callarte de una vez y dejarme beber mi cerveza en paz?

Hacer la corte es una cosa. No te fíes de eso. De hecho, antes de casarte, deja eso de la corte. Mi sugerencia es que el matrimonio debería suceder después de la luna de miel, nunca antes. Sólo si todo va bien, sólo entonces debería suceder el matrimonio.

La luna de miel después del matrimonio es algo muy peligroso. Que yo sepa, el 99 por 100 de los matrimonios ya han acabado para cuando termina la luna de miel. Pero entonces estás atrapado, ya no hay manera de escapar. Entonces toda la sociedad, la ley, los tribunales, todos están contra ti si abandonas a tu esposa, o tu esposa te abandona a ti. Entonces, toda la moralidad, la religión, el cura, todos están contra ti. De hecho, la sociedad debería crear todas las barreras posibles para el matrimonio y ninguna para el divorcio.

La sociedad no debería permitir que la gente se casara tan fácilmente. Los tribunales deberían crear barreras: vive con esa mujer al menos dos años, y entonces el tribunal puede permitirte que te cases. Ahora mismo están haciendo justo lo contrario. Si te quieres casar, nadie pregunta si estás preparado o si sólo es un capricho, y es sólo porque te gusta la nariz de esa mujer. ¡Qué insensatez! Uno no puede vivir simplemente con una nariz larga. Pasados dos días habrás olvidado la nariz. ¿Quién mira la nariz de la propia esposa?

Lo he oído: un cierto pabellón de un hospital estaba enteramente provisto de enfermeras que parecían finalistas del concurso de Miss Mundo, pero cada vez que uno de los pacientes las veía, se quedaba mirando fijamente y decía: «¡Qué birria!»

El hombre de la cama de al lado no lograba entenderlo en absoluto.

—Enfermeras guapísimas como éstas cuidándote y todo lo que se te ocurre decir es «¡Qué birria!». ¿Por qué?

—No pensaba en las enfermeras —dijo el otro con tristeza—, pensaba en mi mujer.

La esposa nunca parece guapa, el marido nunca parece guapo. Una vez que os conocéis, la belleza desaparece.

No se debería permitir que dos personas vivieran juntas el tiempo suficiente para conocerse, para familiarizarse. E incluso si quieren casarse, esto no se les debería permitir. Entonces los divorcios desaparecerían del mundo. Los divorcios existen porque los matrimonios son erróneos y forzados. Los divorcios existen porque los matrimonios se llevan a cabo en un estado romántico.

Un estado romántico es bueno si eres poeta, y no se conoce a los poetas como buenos maridos o buenas esposas. De hecho, los poetas casi siempre son solteros. Juguetean mucho, pero nunca los atrapan, y por eso su romance permanece vivo. Siguen escribiendo poesía, bella poesía.

Uno no debería casarse con una mujer o con un hombre por estar de humor poético. Dejad que llegue el humor de la prosa, entonces podéis asentaros. Porque la vida cotidiana se parece más a la prosa que a la poesía. Hay que ser suficientemente maduro.

La madurez significa que uno ya no es un tonto romántico. Uno comprende la vida, uno comprende la responsabilidad de la vida, uno comprende los problemas de estar con otra persona. Uno acepta todas las dificultades y aun así decide vivir con esa persona. Uno no espera que todo vaya a ser siempre un Paraíso, que todo van a ser rosas. Uno no espera esas tonterías; uno sabe que la realidad es difícil. Es dura. Hay rosas, pero muy pocas; hay muchas espinas.

Cuando ya seas consciente de todos estos problemas y aun así decidas que merece la pena arriesgarse y estar con alguien en vez de estar solo, entonces cásate. Entonces los matrimonios nunca matarán el amor, porque este amor es realista. El matrimonio sólo mata el amor romántico. Y el amor romántico es lo que la gente llama «amor de cachorros», de jóvenes. Uno no debería fiarse de eso. Uno no debería pensar que eso le va a nutrir. Puede que sólo sea como un helado. Puedes comerte uno de vez en cuando, pero no depender de ello para tu nutrición. La vida tiene que ser más realista, más en prosa.

Y el matrimonio mismo nunca destruye nada. El matrimonio simplemente trae a la superficie lo que está oculto en ti, lo saca. Si hay amor oculto tras de ti, dentro de ti, el matrimonio lo saca a la superficie. Si el amor era sólo una pretensión, sólo un cebo, entonces tarde o temprano tiene que desaparecer. Y entonces tu realidad, tu fea personalidad, aparece. El matrimonio es simplemente una oportunidad para que salga todo lo que tenías que sacar.

Yo no digo que el amor sea destruido por el matrimonio. El amor es destruido por la gente que no sabe lo que es el amor. El amor es destruido porque, para empezar, no hay amor. Habéis estado viviendo en un sueño. La realidad destruye ese sueño. De otra forma, el amor es algo eterno, forma parte de la eternidad. Si creces, si conoces el arte y aceptas las realidades de la vida amorosa, entonces el amor sigue creciendo cada día. El matrimonio se convierte en una tremenda oportunidad para llegar al amor.

Nada puede destruir el amor. Si está ahí, sigue creciendo. Pero tengo la impresión de que no está ahí para empezar. No te entendiste a ti mismo; era otra cosa lo que había ahí. Quizá había sexo, atracción sexual. Entonces va a destruirse, porque una vez que has amado a una mujer, la atracción sexual desaparece, porque la atracción sexual sólo sucede con lo desconocido. Una vez que has saboreado el cuerpo de esa mujer o de ese hombre, la atracción sexual desaparece. Si tu amor era solamente atracción sexual, entonces está destinado a desaparecer.

Así que nunca confundas el amor con alguna otra cosa. Si el amor es realmente amor... ¿A qué me refiero cuando digo «realmente amor»? Quiero decir que con sólo estar en presencia del otro te sientes feliz de repente, con sólo estar juntos te sientes en éxtasis, la mera presencia del otro llena algo profundo en tu corazón... algo empieza a cantar en tu corazón, entras en armonía. La mera presencia del otro te ayuda a serenarte. Te vuelves más individual, más centrado, con los pies más en el suelo. Entonces, eso es amor.

El amor no es una pasión, el amor no es una emoción. El amor es una profunda comprensión de que alguien, de alguna manera, te completa. Alguien hace de ti un círculo completo. La presencia del otro realza tu presencia. El amor te da libertad para ser tú mismo; no es posesión.

Así que observa. Nunca pienses que el sexo es amor; si no, serás engañado. Permanece alerta, y cuando empieces a sentir con alguien que su presencia, su mera presencia —nada más, no se necesita nada más; no pides nada—, sólo su presencia, sólo lo que el otro es, es suficiente para hacerte feliz... algo empieza a florecer en ti, mil y un lotos florecen... entonces estás enamorado, y entonces puedes pasar por todas las dificultades que crea la realidad. Muchas angustias, muchas ansiedades, serás capaz de pasar por todas ellas, y tu amor florecerá más y más, porque todas esas situaciones se volverán desafíos. Y tu amor, al superarlos, se hará más y más fuerte.

El amor es eternidad. Si está ahí, entonces sigue creciendo y creciendo. Conoce el principio pero no conoce un fin[2].

### ¿Está bien casarse y tener hijos?

Tan sólo medita sobre algunos de los sutras de Murphy.

Primero: es bueno estar casado de vez en cuando.

Segundo: un hombre listo le dice a una mujer que la comprende, un hombre estúpido trata de demostrarlo.

Tercero: el matrimonio es un circo de tres anillos: anillo de pedida, anillo de boda y anillo de sufrir[3].

Cuarto: puede que el matrimonio haga girar al mundo, pero eso también lo hace un puñetazo en la nariz.

Quinto: cómo salvar un matrimonio del divorcio: la única manera es no presentarse a la boda.

Sexto: la mujer es el segundo error de Dios –el hombre es el primero, obviamente–, y dos errores juntos no crean un acierto.

Y el último: una mujer tiene derecho a la vida, la libertad y la persecución del hombre.

¡Así que ten cuidado! Si quieres casarte, ¿quién soy yo para objetar? Sólo puedo hacerte un poco más consciente. ¡Piensa antes de saltar![4]

---

[2] *The Discipline of Transcendence*, vol. 1, cap. 2.

[3] Juego de palabras intraducible al castellano. Osho juega con la polisemia de la palabra inglesa *ring*. Primero aparece en la expresión «three-ringed circus» (circo de tres pistas), para pasar luego a su acepción como «anillo»: «engagement ring» (anillo de pedida) y «wedding ring» (anillo de boda). Finalmente, jugando con la palabra *suffering* (sufrimiento), se crea el neologismo «suffer-ring», que vendría a significar «anillo de sufrir». *(N. del T.)*

[4] *Zen: Zest, Zip, Zap and Zing*, cap. 5.

# Capítulo 6

# Amor

*¿Qué es el amor?*

D EPENDE. Hay tantos amores como personas. El amor es una escala jerárquica, del peldaño más bajo al más elevado, del sexo a la supraconciencia. Hay muchos niveles, muchos planos de amor. Todo depende de ti. Si existes en el peldaño más bajo, tendrás una idea del amor totalmente diferente que la persona que existe en el peldaño más elevado.

Adolf Hitler tendrá una idea del amor; Gautama el Buda, otra; y serán diametralmente opuestas, porque están en dos extremos.

En el punto más bajo, el amor es una especie de política, una política de poder. Siempre que el amor está contaminado por la idea de dominar, es política. No importa que lo llames política o no; es política. Y millones de personas nunca conocen del amor más que esta política, la política que existe entre los maridos y las esposas, los novios y las novias. Es política, todo el asunto es político, quieres dominar al otro.

Disfrutas el dominio, y el amor no es otra cosa que política recubierta con una capa de azúcar, una píldora amarga recubierta con una capa de azúcar. Hablas de amor, pero el deseo profundo es explotar al otro. Y no estoy diciendo que lo hagas deliberada o conscientemente, aún no eres suficientemente consciente. No puedes hacerlo deliberadamente; es un mecanismo inconsciente.

Por eso tanta posesión y tantos celos se vuelven una parte, una parte intrínseca, de tu amor. Por eso el amor crea más sufrimiento que alegría. El 99 por 100 es amargo; hay sólo una capa del 1 por 100 que has puesto encima. Y tarde o temprano ese azúcar desaparece.

Cuando estás al principio de una historia de amor, esos días de luna de miel, saboreas algo dulce. Pronto ese azúcar se gasta, y las realidades empiezan a aparecer en toda su desnudez y todo el asunto se vuelve feo.

Millones de personas han decidido no volver a amar a seres humanos. Es mejor amar a un perro, a un gato, a un loro, es mejor amar un coche, porque puedes dominarlos bien, y nunca tratan de dominarte a ti. Es sencillo; no es tan complicado como tratar de estar con seres humanos.

En un cóctel, la anfitriona no pudo evitar oír por casualidad la conversación de un amable caballero.

–Oh, la adoro, la venero –declaró el caballero.

–Yo también la adoraría si fuera mía –asintió su amigo.

–Su manera de andar y de moverse. Sus hermosos grandes ojos castaños, su cabeza tan orgullosa y erguida...

–Eres muy afortunado –comentó su amigo.

–¿Y sabes lo que me fascina realmente? La manera en que me mordisquea la oreja.

–Señor –interrumpió la anfitriona–. No he podido evitar oír esas palabras tan cariñosas. En estos tiempos con tantísimos divorcios, admiro a un hombre que ama tan apasionadamente a su esposa.

–¿Mi esposa? –dijo el caballero, sorprendido–. No, ¡mi caballo ganador en las carreras!

La gente se está enamorando de caballos, perros, animales, máquinas, cosas. ¿Por qué? Porque estar enamorado de seres humanos se ha vuelto un completo infierno, un conflicto continuo, cargado de críticas, siempre por el cuello del otro.

Esta es la forma más baja de amor. No hay nada de malo en ella si puedes usarla como trampolín, si puedes usarla como una meditación. Si puedes observarla, si tratas de comprenderla, en esa comprensión misma llegarás a otro peldaño, empezarás a elevarte.

Sólo en la cima más alta, cuando el amor ya no es una relación, cuando el amor se vuelve un estado de tu ser, el loto se abre totalmente y desprende un gran perfume, pero sólo en la cima más alta. En su punto más bajo, el amor es tan sólo una relación política. En su punto más elevado, el amor es un estado religioso de conciencia.

Yo también os amo, Buda ama, Jesús ama, pero su amor no exige nada a cambio. Su amor lo dan por la pura alegría de darlo; no es un negocio. De ahí su belleza radiante, de ahí su belleza trascendental. Supera todos los gozos que hayas podido conocer.

Cuando yo hablo sobre el amor, hablo del amor como estado. No se dirige a nadie en concreto: no amas a esta persona o a aquélla, simplemente amas. Eres amor. En vez de decir que amas a alguien, será mejor decir que eres amor. De forma que quien sea capaz de participar, puede participar. Ante quien sea capaz de beber de tus fuentes infinitas de ser, tú estás disponible, estás disponible incondicionalmente.

Eso sólo es posible si el amor se vuelve más y más meditativo.

«Medicina» y «meditación» provienen de la misma raíz. El amor tal como tú lo conoces es una especie de enfermedad: necesita la medicina de la meditación. Si pasa por la meditación, se purifica. Y cuanto más purificado está, más extático es.

Nancy estaba tomando café con Helen. Nancy preguntó:

—¿Cómo sabes que tu marido te ama?

—Saca la basura todas las mañanas.

—Eso no es amor. Eso es buen trabajo doméstico.

—Mi marido me da todo el dinero que necesito para mis gastos.

—Eso no es amor. Eso es generosidad.

—Mi marido nunca mira a otras mujeres.

—Eso no es amor. Eso es cortedad de vista.

—John siempre me abre la puerta.

—Eso no es amor. Eso son buenos modales.

–John me besa incluso cuando he comido ajo y tengo los rulos puestos.

–Bueno, ¡eso es amor!

Todo el mundo tiene su propia idea sobre el amor. Y sólo cuando llegas al estado en que todas las ideas sobre el amor han desaparecido, cuando el amor ya no es una idea sino simplemente tu ser, sólo entonces conocerás su libertad. Entonces el amor es Dios. Entonces el amor es la verdad suprema.

Deja que tu amor pase por el proceso de la meditación. Obsérvalo: observa la astuta manera de actuar de tu mente, observa tu política de poder. Y nada, excepto la observación y la atención continuas, te va a ayudar. Cuando digas algo a tu hombre o a tu mujer, obsérvalo: ¿cuál es el motivo inconsciente? ¿Por qué lo estás diciendo? ¿Hay algún motivo? ¿De qué se trata? Sé consciente de ese motivo, tráelo a la conciencia, porque esta es una de las claves secretas para transformar tu vida: todo lo que se vuelve consciente desaparece.

Tus motivos permanecen inconscientes, por eso sigues en su poder. Hazlos conscientes, sácalos a la luz, y desaparecerán. Es como si tiras de un árbol y sacas las raíces a la luz del sol: morirán, sólo pueden existir en la oscuridad del suelo. Tus motivos también existen sólo en la oscuridad de tu inconsciente. Así que la única manera de transformar tu amor es sacar todas las motivaciones del inconsciente al consciente. Lentamente, esos motivos morirán.

Y cuando el amor no tiene motivos, entonces el amor es lo más grande que le puede suceder a alguien. Entonces el amor es algo supremo, algo del más allá.

Eso es lo que quiere decir Jesús con «Dios es amor». Yo os digo: el amor es Dios. Puedes olvidarte de Dios, pero no olvides el amor, porque es la purificación del amor lo que te llevará a Dios. Si te olvidas de Dios completamente, no se ha perdido nada. Pero no olvides el amor, porque el amor es el puente. El amor es el proceso de cambio alquímico en tu conciencia[1].

---

[1] *Unio Mystica*, vol. 2, cap. 4.

*¿Podemos amar verdaderamente a otra persona mientras tengamos un ego?*

El amor necesita mucha valentía por la sencilla razón de que el requisito básico del amor es abandonar el ego. Parece casi como suicidarse. Sólo parece así porque lo único que conocemos es el ego. El ego se ha convertido en nuestra única identidad, y abandonarlo significa ciertamente que estás abandonando tu individualidad. Eso no es verdad; de hecho, la verdad es justo lo contrario: a no ser que abandones el ego no puedes conocer tu verdadera individualidad. El ego es un simulador, algo falso, seudo, inventado. Sólo cuando lo abandonas puedes ver lo real. De otra forma, lo irreal oculta lo real. Lo irreal oculta lo real como las nubes ocultan el sol.

El amor requiere abandonar el ego. Por eso el amor puede convertirse en la puerta a lo divino. Puede que empieces amando a una persona, pero acabarás amando lo impersonal. La persona se vuelve como una ventana, abierta hacia el cielo infinito. Pero hay que tener absolutamente claro que el ego tendrá que ser sacrificado.

La gente anhela el amor, pero al mismo tiempo se aferra a su ego. Por eso el amor nunca se hace realidad. Vienen y van sin saborear el néctar del amor. Y a no ser que tengas la experiencia del amor, no habrás experimentado la vida en absoluto. Te la pierdes por entero[2].

*Durante toda mi vida siempre pensé que amaba a alguien. Ahora, estando aquí contigo por primera vez, me pregunto: ¿he amado realmente alguna vez? ¿Soy capaz de amar? ¿Soy capaz de amarte?*

---

[2] *The Sound of One Hand Clapping.*

La falacia básica que llevas en ti es que siempre amabas a alguien.

Esta es una de las cosas más significativas de todos los seres humanos: su amor siempre es por alguien, está dirigido, y en cuanto diriges tu amor, lo destruyes. Es como si dijeras: «Respiraré sólo por ti, y cuando no estés aquí, ¿cómo voy a poder respirar?»

El amor debería ser como la respiración. Debería ser simplemente una cualidad tuya, estés donde estés, estés con quien estés, o incluso si estás solo, sigues rebosando amor. No se trata de estar enamorado de alguien, se trata de ser amor.

La gente está frustrada en sus experiencias amorosas, no porque haya algo de malo en el amor. Reducen el amor hasta tal punto que el océano del amor ya no puede permanecer allí. No puedes contener el océano, no es un pequeño arroyo. El amor es todo tu ser, el amor es tu divinidad.

Habría que pensar desde el punto de vista de si uno es amoroso o no. La cuestión del objeto del amor no surge. Con tu esposa, amas a tu esposa; con tus hijos, amas a tus hijos; con tus sirvientes, amas a tus sirvientes; con tus amigos, amas a tus amigos; con los árboles, amas a los árboles; con el océano, amas el océano.

Eres amor.

El amor no depende del objeto, sino que es una radiación de tu subjetividad, una radiación de tu alma. Y cuanto mayor es la radiación, mayor es tu alma. Cuanta más envergadura tienen las alas de tu amor, mayor es el cielo de tu ser.

Has vivido bajo una falacia común a todos los seres humanos. Ahora preguntas: «¿Soy capaz de amarte?», de nuevo la misma falacia. Pregunta simplemente: «¿Soy capaz de *volverme* amor?»

Cuando estés en mi presencia, no necesitas pensar en amarme; de otra forma, no has salido de tus falacias corrientes. Aquí tienes que aprender simplemente a ser amoroso. Por supuesto, tu amor también llegará a mí; también llegará a los demás. Será una vibración que te rodea, expandiéndose por todas partes. Y si hay mucha gente que simplemente emite su amor, su canción, su éxtasis, el lugar entero se convierte en un templo. No hay otra manera de hacer un templo. Entonces toda el área se llena de un nuevo tipo de energía, y nadie se siente perdido, porque el amor de tanta gente recae sobre ti: en cada una de las personas recae el amor de tanta gente.

Abandona esa falacia. La vida no es más que una oportunidad para que florezca el amor. Si estás vivo, la oportunidad existe, incluso hasta exhalar el último suspiro. Puede que hayas perdido toda tu vida: si en el último suspiro, tu último momento en la Tierra, puedes ser amor, no has perdido nada, porque un solo momento de amor equivale a toda la eternidad de amor[3].

*Dijiste el otro día que nacemos solos, vivimos solos y morimos solos. Sin embargo, parece como si desde el día en que nacemos, hagamos lo que hagamos, seamos quienes seamos, tratamos de relacionarnos con los demás; además, generalmente nos atrae tener intimidad con una persona en particular. ¿Podrías hacer algún comentario, por favor?*

La pregunta que me haces es la pregunta de todo ser humano. Nacemos solos, vivimos solos y morimos solos. La soledad es nuestra misma naturaleza, pero no somos conscientes de ello. Como no somos conscientes de ello, somos extraños para nosotros mismos, y en vez de ver nuestra soledad como una tremenda belleza y felicidad, silencio y paz, armonía con la existencia, pensamos erróneamente que estar solos es estar aislados.

El aislamiento es una soledad mal entendida. En cuanto malinterpretas tu soledad como aislamiento, todo el contexto cambia. La soledad tiene belleza y grandeza, positividad; el aislamiento es pobre, negativo, oscuro, sombrío.

Todo el mundo huye del aislamiento. Es como una herida: duele. Para huir de ello, la única manera es estar en una multitud, ha-

---

[3] *The Rebellious Spirit*, cap. 5.

cerse parte de una sociedad, tener amigos, crear una familiá, tener maridos y esposas, tener hijos. En esta multitud, el esfuerzo básico es que consigas olvidar tu aislamiento.

Pero nadie ha logrado nunca olvidarlo. Lo que te es natural puedes tratar de ignorarlo, pero no puedes ignorarlo; se impondrá una y otra vez. Y el problema se hace más complejo porque nunca lo has visto tal como es; has dado por sentado que has nacido aislado.

El significado que ofrece el diccionario es el mismo; eso muestra la mente de las personas que crean los diccionarios. No comprenden la gran diferencia entre aislamiento y soledad. El aislamiento es un hueco vacío. Falta algo, se necesita algo para llenar ese hueco, y nada puede llenarlo nunca porque, para empezar, es un malentendido. Según te vas haciendo mayor, el hueco también va creciendo. La gente tiene tanto miedo de estar sola que hace todo tipo de estupideces. He visto gente jugando a las cartas sola; el otro jugador no está. Han inventado juegos en los que la misma persona juega las cartas de los dos bandos.

Uno quiere permanecer ocupado, comprometido de alguna forma. Esa ocupación puede ser con gente, puede ser con el trabajo... Hay adictos al trabajo; tienen miedo cuando se acerca el fin de semana, ¿qué van a hacer? Y si no hacen nada, se quedan consigo mismos, y esa es la experiencia más dolorosa.

Te sorprenderá saber que es durante los fines de semana cuando suceden la mayoría de los accidentes en el mundo. La gente corre en sus coches a los centros de turismo, a las playas, a las estaciones de montaña, formando grandes caravanas. Puede que tarden ocho horas, diez horas en llegar, y una vez allí no pueden hacer nada porque toda la multitud ha ido con ellos. Ahora, en su casa, en su barrio, en su ciudad hay más calma que en esta playa. Ha venido todo el mundo. Pero hay que estar ocupados...

La gente juega a las cartas, al ajedrez; la gente mira televisión durante horas. El estadounidense medio mira la televisión cinco horas al día; la gente oye la radio... tan sólo para evitarse a sí mismos. La única razón de todas estas actividades es no quedarse solos; da mucho miedo. Y esta idea la han tomado de otros. ¿Quién te ha dicho que estar solo es un estado espantoso?

Los que han conocido la soledad dicen algo absolutamente diferente. Dicen que no hay nada más bello, más lleno de paz, más gozoso que estar solo.

Pero tú escuchas a la multitud. La gente que vive sin entender está en una mayoría tal que ¿a quién le importan Zaratustra o Buda? Estos individuos sueltos pueden estar equivocados, pueden estar alucinando, pueden estar engañándose a sí mismos o engañándote a ti, pero millones de personas no pueden estar equivocadas. Y millones de personas están de acuerdo en que quedarse con uno mismo es la peor experiencia de la vida; es un infierno.

Pero cualquier relación que se cree a causa del miedo, a causa del infierno interno de quedarse solo, no puede ser satisfactoria. Su raíz misma está envenenada. No amas a tu mujer, simplemente la estás utilizando para no sentirte solo; ella tampoco te ama a ti. Ella también está en la misma paranoia; ella te está utilizando para no quedarse sola.

Naturalmente, en nombre del amor puede suceder cualquier cosa, excepto el amor. Puede que sucedan luchas, puede que sucedan discusiones, pero incluso eso es preferible a sentirse solo: por lo menos hay alguien y estás ocupado, te puedes olvidar de tu aislamiento. Pero el amor no es posible, porque no existe un fundamento básico para el amor.

El amor nunca crece del miedo. Tú preguntas: «Dijiste el otro día que nacemos solos, vivimos solos y morimos solos. Sin embargo, parece como si desde el día en que nacemos, hagamos lo que hagamos, seamos quienes seamos, tratamos de relacionarnos con los demás.»

Este intento de relacionarse con los demás no es otra cosa que escapismo. Incluso el bebé más pequeño intenta encontrar algo que hacer; si no hay otra cosa, se chupará su propio dedo gordo del pie. Es una actividad absolutamente inútil, nada puede salir de ella, pero es una ocupación. Está haciendo algo. Verás en las estaciones, en los aeropuertos, niños y niñas con sus osos de peluche; no pueden dormir sin ellos. La oscuridad hace que su aislamiento sea aún más peligroso. El oso de peluche es una gran protección; hay alguien con ellos. Y vuestro Dios no es más que un oso de peluche para adultos.

No puedes vivir tal como eres. Tus relaciones no son relaciones. Son feas. Estás utilizando a la otra persona, y sabes perfectamente bien que la otra persona te está utilizando a ti. Y utilizar a alguien es reducirlo a una cosa, a una mercancía. No tienes ningún respeto por esa persona.

«Además –preguntas–, generalmente nos atrae tener intimidad con una persona en particular.»

Eso tiene una razón psicológica. Eres educado por una madre, por un padre. Si eres un chico, empiezas a amar a tu madre y empiezas a estar celoso de tu padre porque es un competidor. Si eres una chica, empiezas a amar a tu padre y odias a tu madre porque es una competidora. Estos son ya hechos establecidos, no hipótesis, y el resultado de ello hace que toda tu vida esté llena de sufrimiento. El chico lleva la imagen de su madre como el modelo de mujer. Está siendo condicionado continuamente. Sólo conoce a una mujer tan de cerca, tan íntimamente. El rostro de su madre, su pelo, su calidez, todo se va convirtiendo en una marca. Esa es exactamente la palabra científica que se usa: se convierte en una marca en su psicología, le marca. Y lo mismo le sucede a la chica respecto al padre.

Cuando creces, te enamoras de alguna mujer o de algún hombre y piensas: «Quizá estemos hechos el uno para el otro.» Nadie está hecho para nadie. Pero ¿por qué te sientes atraído por una cierta persona? Es a causa de tu marca. Él debe parecerse a tu padre de alguna manera; ella debe parecerse a tu madre de alguna manera.

Por supuesto, ninguna mujer puede ser una réplica exacta de tu madre, y, de todas formas, no estás buscando una madre, estás buscando una esposa. Pero la marca que hay en ti decide cuál es la mujer apropiada para ti. En cuanto ves a esa mujer, ya no hay manera de razonar. Inmediatamente te sientes atraído; tu marca empieza a funcionar inmediatamente, ésta es la mujer para ti, o éste es el hombre para ti.

Esto está bien mientras se trate de ir juntos de vez en cuando a la playa, al cine, al parque, porque no llegáis a conoceros totalmente el uno al otro. Pero ambos anheláis vivir juntos, queréis casaros, y este es uno de los pasos más peligrosos que pueden dar los enamorados.

En cuanto te casas empiezas a darte cuenta de la totalidad de la otra persona, y te sorprendes en todos y cada uno de los aspectos –«Algo ha ido mal; ésta no es la misma mujer, éste no es el mismo hombre»– porque no encajan en el ideal que llevabas dentro de ti. Y el problema se multiplica porque la mujer lleva el ideal de su padre, tú no encajas en él. Tú llevas el ideal de tu madre, ella no encaja en él. Es por eso que todos los matrimonios son un fracaso.

Sólo unos pocos matrimonios no son un fracaso, y espero que Dios te salve de esos matrimonios que no fracasan, porque son psicológicamente enfermos. Hay personas que son sádicas, que disfrutan torturando a otros, y hay personas que son masoquistas, que disfrutan torturándose a sí mismas. Si un marido y una esposa pertenecen a estas dos categorías, ese matrimonio será un éxito. Uno es masoquista y el otro sádico, es un matrimonio perfecto, porque uno disfruta siendo torturado y el otro disfruta torturando.

Pero normalmente, para empezar es muy difícil descubrir si eres masoquista o sádico, y luego buscar tu otra polaridad... Si eres suficientemente juicioso, deberías ir al psicólogo e investigar quién eres, ¿un masoquista o un sádico?, y pedirle si te puede dar algunas referencias de gente que pueda encajar contigo.

A veces, por accidente, sucede que una persona sádica y otra masoquista se casan. Son la gente más feliz del mundo; están satisfaciendo sus necesidades mutuas. Pero ¿qué tipo de necesidades son éstas? Ambos son psicópatas, y están viviendo una vida de tortura. Pero de otra forma todo matrimonio va a fracasar por una sencilla razón: la marca es el problema.

La razón básica por la que querías tener la relación no se satisface ni siquiera en el matrimonio. Estás más solo cuando estás con tu esposa que cuando estás solo. Dejar a marido y mujer solos en una habitación es hacer que ambos se sientan totalmente desgraciados.

Todo este esfuerzo –ya sea el de las relaciones o el de permanecer ocupado con mil y una cosas– es sólo para escapar de la idea de que estás aislado. Y quiero deciros clara y categóricamente que es ahí donde el meditador y el hombre corriente se separan.

El hombre corriente sigue tratando de olvidar su aislamiento, y el meditador empieza a familiarizarse más y más con su soledad. En tiempos pasados abandonaba el mundo; se iba a las cuevas, a las montañas, al bosque, con el único propósito de estar solo. Quiere ser él mismo. En una multitud, es difícil; hay muchas trabas. Y los que han conocido su soledad han conocido la mayor dicha posible para los seres humanos, porque tu ser mismo está dichoso.

Después de estar en armonía con tu soledad, te puedes relacionar; entonces tu relación te aportará grandes alegrías, porque no se basa en el miedo. Al encontrar tu soledad puedes crear, puedes ocuparte con todo lo que quieras, porque esta ocupación ya no será una huida de ti mismo. Ahora será tu expresión; ahora será la manifestación de todo lo que constituye tu potencial.

Sólo un hombre así –da igual que viva solo o viva en la sociedad, que se case o permanezca soltero– es siempre dichoso, siempre en paz, en silencio. Su vida es una danza, es una canción, es un florecimiento, es una fragancia. Haga lo que haga, le aporta su fragancia.

Pero lo primero y lo básico es conocer tu soledad absolutamente.

Esta huida de ti mismo la has aprendido de la multitud. Como todo el mundo está huyendo, tú también empiezas a huir. Todo niño nace en una multitud y empieza a imitar a la gente; lo que hacen los demás, él lo empieza a hacer también. Cae en las mismas situaciones deplorables en las que están los demás, y empieza a pensar que así es la vida. Y se ha perdido la vida completamente.

Así que te recuerdo que no malinterpretes la soledad como aislamiento. El aislamiento es ciertamente una enfermedad; la soledad es la salud perfecta.

Ginsberg acude al doctor Goldberg.

–Sí, estás enfermo.

–Eso no me basta. Quiero otra opinión.

–Muy bien –dice el doctor Goldberg–, también eres feo.

Estamos cometiendo el mismo tipo de malentendidos continuamente.

Me gustaría que supieras que el primero y más primario paso hacia el descubrimiento del sentido y el significado de la vida es entrar en tu soledad. Es tu templo; es donde vive tu Dios, y no puedes encontrar este templo en ningún otro sitio. Puedes ir a la Luna, a Marte...

Una vez que has entrado en el centro más profundo del ser, no puedes creer lo que ves: tenías en ti tanto gozo, tantas bendiciones, tanto amor... y estabas huyendo de tus propios tesoros.

Conociendo estos tesoros y su inagotabilidad, puedes entrar ahora en relaciones, en la creatividad. Ayudarás a muchas personas compartiendo tu amor, no utilizándolas. Darás dignidad a esas personas con tu amor; no destruirás su respeto. Y, sin esfuerzo alguno, te convertirás en una fuente para que ellos puedan encontrar también sus propios tesoros. Hagas lo que hagas, difundirás tu silencio, tu paz, tu bendición en todo lo posible.

Pero esto tan básico no lo enseña ninguna familia, ninguna sociedad, ninguna universidad. La gente sigue viviendo sin felicidad, y lo dan por sentado. Nadie es feliz, así que no es nada raro que tú no seas feliz; no puedes ser una excepción.

Pero yo te digo: tú puedes ser una excepción. Lo que pasa es que no has hecho el esfuerzo apropiado[4].


*La máxima cristiana es: ama a tu prójimo como a ti mismo. Pero ¿cómo voy a amar a los demás si no me amo a mí mismo?*

Lo primero es ser amoroso contigo mismo. No seas duro; sé suave. Interésate por ti mismo. Aprende a perdonarte –una y otra

_____

[4] *The Golden Future*, cap. 6.

y otra vez– siete veces, setenta y siete veces, setecientas setenta y siete veces.

Aprende a perdonarte a ti mismo. No seas duro; no te muestres antagonista con respecto a ti mismo. Entonces florecerás. Y en ese florecimiento atraerás alguna otra flor. Es natural. Las piedras atraen a las piedras; las flores atraen a las flores. Y entonces hay una relación que tiene encanto, que tiene belleza, que tiene bendición. Y si puedes encontrar una relación así, tu relación crecerá y se convertirá en oración, tu amor se convertirá en éxtasis, y a través del amor sabrás qué es Dios[5].

---

[5] *Ecstasy: The Forgotten Language*, cap. 2.

# Capítulo 7

# Relacionarse

*¿Por qué es tan difícil relacionarse?*

Porque todavía no eres. Hay un vacío interno y el miedo de que, si te relacionas con alguien, tarde o temprano descubrirán que estás vacío. Por eso parece más seguro mantener una cierta distancia de la gente; al menos puedes fingir que eres.

No eres. Aún no has nacido, eres sólo una oportunidad. Todavía no eres una plenitud, y sólo dos personas plenas pueden relacionarse. Relacionarse es una de las cosas más grandes de la vida: relacionarse significa amar, relacionarse significa compartir. Pero antes de poder compartir, debes tener. Y antes de poder amar debes estar lleno de amor, desbordante de amor.

Dos semillas no pueden relacionarse, están cerradas. Dos flores sí pueden relacionarse; están abiertas, pueden ofrecerse su fragancia mutuamente, pueden bailar al mismo sol y al mismo viento, pueden tener un diálogo, pueden susurrar. Pero eso no es posible para dos semillas. Las semillas están completamente cerradas, sin ventanas, ¿cómo se van a relacionar?

Y esa es la situación. Cuando nace, el hombre es una semilla; puede llegar a ser una flor, puede que no. Todo depende de ti, de lo que hagas contigo mismo; todo depende de si creces o no. Es tu elección, y hay que afrontar la elección a cada momento; cada momento estás en la encrucijada.

Millones de personas deciden no crecer. Permanecen como semillas; permanecen como potencial, nunca se hacen realidad. No

saben lo que es realizar el propio potencial, no saben lo que es la
autorrealización, no saben nada sobre ser. Viven completamente
vacíos, mueren completamente vacíos. ¿Cómo van a relacionarse?

Será exponerte a ti mismo, tu desnudez, tu fealdad, tu vacío.
Parece más seguro mantener una distancia. Incluso los amantes
mantienen una distancia; sólo llegan hasta un punto, y permanecen alerta para ver cuándo retroceder. Tienen límites; nunca cruzan los límites, permanecen confinados en sus límites. Sí, hay una
especie de relación, pero no es la de relacionarse, sino la de la posesión.

El marido posee a la mujer, la mujer posee al marido, los padres poseen a los hijos, y así sucesivamente. Pero poseer no es relacionarse. De hecho, poseer es destruir todas las posibilidades de
relacionarse.

Si te relacionas, respetas; no puedes poseer. Si te relacionas,
hay una gran reverencia. Si te relacionas, te acercas muchísimo,
estáis muy, muy cerca, en profunda intimidad, en imbricación. Sin
embargo, no interferís en la libertad del otro, que sigue siendo un
individuo independiente. La relación es de tipo «yo»-«tú», no
«yo»-«eso» superponiéndose, interpenetrándose y, a la vez, en cierto sentido independientes.

Khalil Gibran dice: «Sed como dos pilares que sustentan el
mismo techo, pero no empecéis a poseer al otro, dejad al otro independiente. Sustentad el mismo techo, ese techo es el amor.»

Dos amantes sustentan algo invisible y algo inmensamente valioso: cierta poesía de ser, cierta música que se oye en las partes
más recónditas de su existencia. Ambos lo sustentan, sustentan
cierta armonía, pero permanecen independientes. Pueden mostrarse al otro porque no hay miedo. Saben que *son*. Conocen su
propia belleza interna, conocen su propia fragancia interna; no hay
miedo.

Pero normalmente existe el miedo, porque no tienes ninguna
fragancia; si te muestras, simplemente apestarás. Apestarás a celos,
odio, ira, lujuria. No tendrás la fragancia del amor, la oración, la
compasión.

Millones de personas han decidido permanecer como semillas.

¿Por qué? Pudiendo ser flores y bailar al viento y al Sol y a la Luna, ¿por qué han decidido permanecer como semillas? Hay algo en su decisión: la semilla está más segura que la flor. La flor es frágil. La semilla no es frágil, la semilla parece más fuerte. La flor puede ser destruida fácilmente; sólo un poco de viento y los pétalos se disiparán. La semilla no puede ser destruida tan fácilmente por el viento, la semilla está muy protegida, segura. La flor está expuesta, algo tan delicado, y expuesto a tantos riesgos: puede venir un viento fuerte, puede llover a cántaros, el Sol puede quemar demasiado, algún tonto puede arrancar la flor. A la flor puede sucederle cualquier cosa, a la flor puede sucederle de todo, la flor está constantemente en peligro. Pero la semilla está segura; por eso, millones de personas deciden permanecer como semillas. Pero permanecer como semilla es permanecer muerto, permanecer como semilla es no vivir en absoluto. Es seguro, desde luego, pero no tiene vida. La muerte es segura, la vida es inseguridad. Quien realmente quiera vivir tiene que vivir en peligro, en peligro constante. Quien quiera alcanzar las cimas tiene que arriesgarse a perderse. Quien quiera ascender a las cimas más altas tiene que arriesgarse a caer de alguna parte, a resbalarse.

Cuanto mayor es el anhelo de crecer, mayor es el peligro que hay que aceptar. El hombre verdadero acepta el peligro como su estilo mismo de vida, como la atmósfera misma de su crecimiento.

Me preguntas: «¿Por qué es tan difícil relacionarse?» Es difícil porque aún no eres. Primero, sé. Todo lo demás sólo es posible después: primero, sé.

Jesús lo dice a su propia manera: «Primero busca el reino de Dios, y todo lo demás te será dado por añadidura.» Esto es simplemente una vieja expresión de lo mismo que estoy diciendo: primero sé, y todo lo demás te será dado por añadidura.

Pero ser es el requisito básico. Si eres, el valor llega como consecuencia. Si eres, surge un gran deseo de aventura, de explorar, y cuando estás listo para explorar, te puedes relacionar. Relacionarse es explorar, explorar la conciencia del otro, explorar el territorio del otro. Pero cuando exploras el territorio del otro tienes que permitir y acoger que el otro te explore a ti; no puede ser una calle de dirección única. Y sólo puedes permitir que el otro te explore cuando tienes algo, algún tesoro, en tu interior. Entonces no hay miedo. De hecho, tú invitas al huésped, tú abrazas al huésped, tú lo llamas, tú quieres que entre. Quieres que vea lo que has descubierto en ti mismo, quieres compartirlo.

Primero sé, luego te puedes relacionar, y recuerda, relacionarse es bello. Una relación es un fenómeno totalmente diferente; una relación es algo muerto, fijo. Ha llegado un punto final. Te casas con una mujer; ha llegado un punto final. Ahora todo irá hacia abajo; habéis llegado al límite, ya nada crece. El río se ha parado y se está convirtiendo en un pantano. Una relación es ya una cosa, completa.

Relacionarse es un proceso. Evita las relaciones, y profundiza más y más en relacionarte.

Yo pongo el énfasis en los verbos, no en los sustantivos; evita los sustantivos todo lo que puedas. En el lenguaje no puedes evitarlos, ya lo sé; pero en la vida, evítalos, porque la vida es un verbo. La vida no es un sustantivo, en realidad es «viviendo», no «vida». No es «amor», es «amando». No es «relación», es «relacionando». No es una canción, es cantando. No es un baile, es bailando.

Observa la diferencia, saborea la diferencia. Un baile es algo completo; ya se han dado los últimos toques, ya no queda nada más que hacer. Algo completo es algo muerto. La vida no sabe de puntos finales; las comas están bien, pero no los puntos finales. Los lugares de descanso están bien, pero no los puntos de destino.

En vez de pensar en cómo relacionarte, cumple el primer requisito: medita, sé, y luego relacionarse saldrá de ello por sí mismo. Alguien que se vuelve silencioso, gozoso, alguien que empieza a desbordar energía, que florece, tiene que relacionarse. No es algo que tenga que aprender a hacer, empieza a suceder. Se relaciona con personas, se relaciona con animales, se relaciona con árboles, se relaciona incluso con rocas.

De hecho, se relaciona veinticuatro horas al día. Si camina por la tierra, se relaciona con la tierra... al tocar sus pies la tierra, se está relacionando. Si nada en el río, se relaciona con el río, y si mira las estrellas, se relaciona con las estrellas.

No se trata de relacionarse con alguien en particular. El hecho básico es que, si eres, toda tu vida se vuelve un relacionarte. Es una canción constante, una danza constante, es una continuidad, es un flujo como un río.

Medita, encuentra tu propio centro primero. Antes de poder relacionarte con otra persona, relaciónate contigo mismo. Este es el requisito básico que hay que cumplir. Sin esto, nada es posible. Con esto, nada es imposible[1].

*¿Podrías hablarnos sobre nuestras parejas, nuestras esposas, maridos y amantes? ¿Cuándo deberíamos perseverar con una pareja, y cuándo deberíamos abandonar una relación por imposible, o incluso destructiva?*

Una relación es uno de los misterios. Y como existe entre dos personas, depende de ambas.

Cuando dos personas se encuentran, se crea un mundo nuevo. Simplemente con su encuentro comienza a existir un nuevo fenómeno, algo que no había antes, que nunca existió antes. Y a través de ese nuevo fenómeno, ambas personas cambian y se transforman.

Sin relacionarte, eres algo; relacionado, inmediatamente te vuelves otra cosa. Ha sucedido algo nuevo. Cuando una mujer se vuelve una amante ya no es la misma mujer. Cuando un hombre se vuelve un amante ya no es el mismo hombre. Nace un niño, pero no acertamos a comprender algo en absoluto: en cuanto nace el niño, también nace la madre. No existía antes. La mujer existía, pero la madre no. Y una madre es algo absolutamente nuevo.

Tú creas una relación, pero luego, a su vez, la relación te crea

---

[1] *The Book of Wisdom*, cap. 27.

a ti. Dos personas se encuentran, eso significa que se encuentran dos mundos. No es algo sencillo, sino muy complejo, lo más complejo. Cada persona es un mundo en sí misma, un complejo misterio con un largo pasado y un futuro eterno.

Al principio sólo se encuentran las periferias. Pero si la relación se vuelve íntima, se vuelve más cercana, se vuelve más profunda, entonces poco a poco los centros comienzan a encontrarse. Cuando los centros se encuentran, se llama amor.

Cuando se encuentran las periferias, no son amantes, son conocidos. Tocas a esa persona desde el exterior, desde el borde, sois conocidos. Muchas veces empiezas a llamar a un conocido «tu amor». Entonces estás en una falacia. Ese tipo de conocimiento no es amor.

El amor es muy excepcional. Llegar a conocer a una persona en su centro es atravesar tú mismo una revolución, porque si quieres encontrar a una persona en su centro, tendrás que permitir que esa persona llegue también a tu centro. Tendrás que volverte vulnerable, absolutamente vulnerable, abierto.

Es arriesgado. Permitir que alguien llegue a tu centro es arriesgado, peligroso, porque nunca sabes qué te hará esa persona. Y una vez que se conocen todos tus secretos, una vez que todo lo que estaba oculto ha sido revelado, una vez que te has mostrado completamente, nunca sabes lo que hará esa otra persona. Eso da miedo. Por eso nunca nos abrimos.

Somos sólo conocidos, y pensamos que ha sucedido el amor. Se encuentran las periferias, y pensamos que nos hemos encontrado. Tú no eres tu periferia. En realidad, la periferia es el borde en que acabas, el vallado que hay a tu alrededor. ¡Tú no eres eso! La periferia es el lugar donde tú acabas y comienza el mundo.

Incluso maridos y mujeres que puede que hayan vivido juntos durante muchos años quizá sean sólo conocidos. Puede que no se hayan conocido mutuamente. Y cuanto más vives con alguien, más olvidas completamente que los centros permanecen desconocidos.

Así que lo primero que hay que comprender es: no confundas

el conocimiento superficial con el amor. Puede que estéis haciendo el amor, puede que os relacionéis sexualmente, pero también el sexo es periférico. A no ser que se encuentren los centros, el sexo es tan sólo un encuentro de dos cuerpos. Y un encuentro de dos cuerpos no es tu encuentro. También el sexo sigue siendo un conocimiento superficial, físico, corporal, pero aún superficial.

Sólo puedes permitir que alguien entre en tu centro cuando no tienes miedo, cuando no estás asustado.

Así que te digo que hay dos maneras de vivir. Una se basa en el miedo, la otra se basa en el amor. La vida basada en el miedo nunca te puede llevar a una relación profunda. Permaneces asustado, y no puedes dejar que la otra persona entre en ti, entre hasta tu mismo centro. Le dejas que entre hasta cierto punto, y entonces surge una pared y todo se detiene.

La persona que tiende al amor es la persona religiosa. La persona que tiende al amor es alguien que no tiene miedo al futuro, que no tiene miedo al resultado y a la consecuencia, que vive aquí y ahora.

No te preocupes por el resultado. Eso es la mente basada en el miedo. No pienses en lo que resultará a raíz de ello. Simplemente permanece aquí y actúa totalmente. No calcules. Un hombre basado en el miedo siempre está calculando, planeando, disponiendo, protegiendo. Toda su vida se pierde de esta forma.

He oído hablar de un viejo monje zen. Estaba en su lecho de muerte. Había llegado el último día, y declaró que para esa noche ya no existiría. Así que empezaron a llegar seguidores, discípulos, amigos. Mucha gente lo quería. Todos empezaron a venir. Se reunió gente de todas partes.

Uno de sus viejos discípulos, al oír que el maestro iba a morir, corrió al mercado. Alguien le preguntó: «El maestro se está muriendo en su cabaña, ¿por qué vas al mercado?» El viejo discípulo dijo: «Sé que a mi maestro le encanta un tipo particular de tarta, así que voy a comprarla.»

Era difícil encontrar esa tarta, porque ya no estaba de moda, pero de alguna forma se las arregló antes del atardecer. Llegó corriendo con la tarta.

Y todo el mundo estaba preocupado, parecía que el maestro estaba esperando a alguien. Abría los ojos y miraba, y los cerraba otra vez. Y cuando llegó este discípulo, dijo: «Muy bien, has venido. ¿Dónde está la tarta?» El discípulo sacó la tarta, y se sintió muy feliz de que el maestro preguntase por la tarta.

Muriéndose, el maestro tomó la tarta con la mano, pero su mano no temblaba. Era muy viejo, pero su mano no temblaba. Y alguien preguntó: «Eres muy viejo y estás a punto de morir. Pronto exhalarás el último suspiro, pero tu mano no tiembla.»

El maestro dijo: «Nunca tiemblo, porque no hay miedo. Mi cuerpo se ha hecho viejo, pero yo aún soy joven, y permaneceré joven incluso cuando se haya ido el cuerpo.»

Entonces tomó un mordisco, empezó a masticar la tarta. Y entonces alguien preguntó: «¿Cuál es tu último mensaje, maestro? Nos dejarás muy pronto. ¿Qué quieres que recordemos?»

El maestro sonrió y dijo: «¡Ah, esta tarta es deliciosa!»

Este es un hombre que vive aquí y ahora. «¡Esta tarta es deliciosa!» Incluso la muerte es irrelevante. El momento siguiente carece de sentido. En este momento esta tarta es deliciosa. Si puedes estar en este momento, este momento presente, este estado presente, la plenitud, sólo entonces puedes amar.

El amor es un florecimiento excepcional. Sucede muy raras veces. Millones y millones de personas viven con la falsa actitud de que son amantes. Creen que aman, pero eso es tan sólo lo que creen. El amor es un florecimiento excepcional. A veces sucede. Es excepcional porque sólo puede suceder cuando no hay miedo, nunca antes. Eso significa que el amor sólo puede sucederle a una persona profundamente espiritual, religiosa. El sexo es posible para todos, el conocimiento superficial es posible para todos; el amor, no.

Cuando no tienes miedo, no tienes nada que ocultar, entonces puedes estar abierto, entonces puedes retirar todas las barreras. Y entonces puedes invitar al otro a que penetre en ti hasta el mismo centro. Y recuerda, si permites que alguien entre profundamente en ti, el otro te permitirá entrar en él o ella, porque cuando permites que alguien entre en ti, se crea confianza. Cuando no tienes miedo, el otro también pierde su miedo.

En vuestro amor, siempre está presente el miedo. El marido tiene miedo de la mujer, la mujer tiene miedo del marido. Los amantes siempre tienen miedo. Entonces no es amor. Entonces es tan sólo un apaño de dos personas asustadas que dependen mutuamente, y se pelean, se explotan, manipulan, controlan, dominan, poseen, pero no es amor.

Si puedes permitir que suceda el amor, no hay necesidad de oración, no hay necesidad de meditación, no hay necesidad de iglesia alguna, de templo alguno. Te puedes olvidar completamente de Dios si puedes amar, porque a través del amor todo te habrá sucedido: la meditación, la oración, Dios. Todo te habrá sucedido. Eso es lo que quiere decir Jesús cuando dice: «El amor es Dios.»

Pero el amor es difícil. Hay que abandonar el miedo. Y esto es lo extraño, que tienes tanto miedo y no tienes nada que perder.

Kabir ha dicho en alguna parte: «Miro a la gente. Tienen tanto miedo, pero no veo por qué, porque no tienen nada que perder.» Dice Kabir: «Son como una persona que está desnuda, pero nunca va a bañarse al río porque tiene miedo, ¿dónde secará su ropa?» Esta es la situación en que te encuentras, desnudo, sin ropa, pero siempre con miedo por lo que le puede pasar a tu ropa.

¿Qué puedes perder? Nada. Este cuerpo será tomado por la muerte. Antes de que lo tome la muerte, dáselo al amor. Todo lo que tengas te será quitado. Antes de que te sea arrebatado, ¿por qué no compartirlo? Es ésta la única manera de poseerlo. Si puedes compartir y dar, eres el maestro. Te va a ser arrebatado. No hay nada que puedas retener para siempre. La muerte lo destruirá todo.

Así que, si me entiendes correctamente, la lucha es entre la muerte y el amor. Si puedes dar, no habrá muerte. Antes de que nada te pueda ser arrebatado, ya lo habrás dado, lo habrás convertido en un regalo. No puede haber muerte.

Para alguien que ama no hay muerte. Para quien no ama, cada momento es una muerte, porque a cada momento se te está quitando algo. El cuerpo está desapareciendo, lo estás perdiendo a cada momento. Y luego vendrá la muerte, y todo será aniquilado.

¿A qué tienes miedo? ¿Por qué estás tan asustado? Incluso si se sabe todo sobre ti y eres como un libro abierto, ¿por qué tener miedo? ¿Qué daño puede hacerte? Son sólo concepciones falsas que te ha dado la sociedad: que te tienes que ocultar, que te tienes que proteger, que tienes que estar continuamente en estado de lucha, que todo el mundo es un enemigo, que todos están contra ti.

¡Nadie está contra ti! Incluso si sientes que alguien está contra ti, tampoco él está contra ti, porque todo el mundo está inmiscuido consigo mismo, no contigo. No hay nada que temer. Hay que darse cuenta de esto antes de que pueda suceder una relación verdadera. No hay nada que temer.

Medita sobre ello. Y luego permite que el otro entre en ti, invítale a que entre. No crees ninguna barrera en ninguna parte, vuélvete un umbral siempre abierto, sin cerraduras, sin puertas en ti, sin puertas cerradas en ti. Entonces es posible el amor.

Cuando dos centros se encuentran, hay amor. Y el amor es un fenómeno alquímico, igual que el hidrógeno y el oxígeno se encuentran y se crea algo nuevo, el agua. Puedes tener hidrógeno, puedes tener oxígeno, pero si tienes sed no te servirán de nada. Puedes tener todo el oxígeno que quieras, todo el hidrógeno que quieras, pero la sed no se irá.

Cuando dos centros se encuentran, se crea una cosa nueva. Esa nueva cosa es el amor. Y es igual que el agua: la sed de muchas, muchas vidas se sacia. De pronto estás satisfecho. Ese es el signo visible del amor. Estás satisfecho, como si lo hubieras conseguido todo. Ya no hay nada que conseguir. Has alcanzado el objetivo. Ya no hay otro objetivo, el destino se ha cumplido. La semilla se ha convertido en flor, ha alcanzado su total florecimiento.

La satisfacción profunda es el signo visible del amor. Cuando una persona ama, tiene una satisfacción profunda. El amor no se puede ver, pero la satisfacción, la profunda satisfacción que lo rodea... cada una de sus respiraciones, cada uno de sus momentos, su ser mismo, satisfecho.

Puede que te sorprenda cuando te digo que el amor hace que

ya no tengas deseos, pero el deseo viene con la insatisfacción. Deseas porque no tienes. Deseas porque piensas que si tienes algo te dará satisfacción. El deseo viene de la insatisfacción.

Cuando hay amor y dos centros se han unido y disuelto y fundido, y ha nacido una nueva cualidad alquímica, hay satisfacción. Es como si la existencia entera se hubiera detenido, no hay movimiento. Entonces, el momento presente es el único momento. Y entonces puedes decir: «¡Ah, esta tarta es deliciosa!» Incluso la muerte no significa nada para un hombre que ama.

Por eso te digo que el amor hará que no tengas deseos. Sé intrépido, abandona los miedos, permanece abierto. Permite que algún centro encuentre el centro que hay dentro de ti. Renacerás con ello; se creará una nueva cualidad de ser. Esta cualidad de ser dice: «Esto es Dios.» Dios no es un argumento, es una plenitud, una sensación de plenitud.

Puede que hayas observado que cuando te sientes descontento quieres negar a Dios. Cuando estás insatisfecho, todo tu ser quiere decir: «No hay Dios.» El ateísmo no surge de la lógica, surge de la insatisfacción. Puede que lo racionalices, eso es otra cosa. Puede que no digas que eres ateo porque te sientes insatisfecho. Puede que digas: «No hay Dios y tengo pruebas.» Pero eso no es la verdad.

Si estás satisfecho, de pronto todo tu ser dice: «Hay Dios.» ¡De pronto lo sientes! La existencia entera se vuelve divina. Si hay amor, por vez primera tendrás la sensación de que la existencia es divina y todo es una bendición. Pero hay que hacer mucho antes de que esto pueda suceder. Hay que destruir mucho antes de que esto pueda suceder. Tienes que destruir todo lo que crea barreras en ti.

Haz del amor un *sadhana*, una disciplina interna. No dejes que sea tan sólo algo frívolo. No dejes que sea tan sólo una ocupación de la mente. No dejes que sea tan sólo una satisfacción corporal. Haz que sea una búsqueda interna, y toma al otro como una ayuda, como un amigo.

Si has oído algo sobre el tantra, sabrás que dice: si puedes encontrar un consorte, un amigo, una mujer o un hombre que esté dispuesto a entrar contigo hacia tu centro interno, que esté listo a ir contigo a la cima más alta de la relación, entonces esta relación se volverá meditativa. Entonces a través de esta relación alcanzarás la relación suprema. Entonces el otro se vuelve una puerta.

Deja que te lo explique: si amas a una persona, poco a poco primero desaparece la periferia de la persona, desaparece la forma de la persona. Entras más y más en contacto con lo que no tiene forma, lo interno. Poco a poco, la forma se vuelve vaga, y desaparece. Y si profundizas más, incluso este individuo sin forma empieza a desaparecer y a fundirse. Entonces se abre el más allá. Entonces ese individuo particular era sólo una puerta, una abertura. Y a través de tu amante, encuentras lo divino.

Como no podemos amar, necesitamos tantos rituales religiosos. Son sustitutos, y sustitutos muy pobres...

Pero el primer vislumbre vendrá siempre a través de un individuo. Es difícil estar en contacto con lo universal. Es tan grande, tan amplio, sin principio, sin fin. ¿Por dónde empezar? ¿Por dónde entrar en ello? El individuo es la puerta. Enamórate.

Y no lo conviertas en una lucha. Haz que sea un gran permiso para el otro, una invitación. Y deja que el otro penetre en ti sin poner ninguna condición. Y de pronto el otro desaparece, y Dios está ahí. Si tu amante o tu amado o amada no puede volverse divino, entonces no hay nada en este mundo que pueda volverse divino. Entonces todas esas charlas sobre religión son una tontería.

Esto puede suceder con un niño. Esto puede suceder con un animal, tu perro. Si puedes tener una relación profunda con un perro, puede suceder, ¡el perro se vuelve divino! Así que no es sólo cuestión de hombre y mujer. Esa es una de las fuentes más profundas de lo divino, y llega a ti de manera natural, pero puede venir de cualquier parte. La clave básica es que deberías dejar que el otro penetre en ti hasta el centro más profundo, hasta el fondo mismo de tu ser.

Pero seguimos engañándonos a nosotros mismos. Pensamos que amamos. Y si piensas que amas, entonces no hay posibilidad de que suceda el amor, porque si esto es amor, entonces todo está cerrado. Haz esfuerzos nuevos. Trata de encontrar en el otro el ser verdadero que está oculto. No tomes a nadie por supuesto, por conocido. Cada persona es un misterio tal que si entras más y más en su interior verás que no tiene fin.

Pero nos aburrimos el uno del otro, porque es sólo la periferia y siempre la periferia.

Estuve leyendo una historia. Un hombre estaba muy enfermo y probó todo tipo de remedios, pero nada le ayudaba. Entonces fue a un hipnotizador y éste le dio un mantra para repetir continuamente: «No estoy enfermo.» Al menos durante quince minutos por la mañana y quince minutos por la noche: «"No estoy enfermo, estoy sano." Y todo el día, siempre que se acuerde, repítalo.» En pocos días empezó a sentirse mejor. Y en unas semanas estaba perfectamente bien.

Entonces le dijo a su esposa: «¡Ha sido un milagro! ¿Crees que debería volver al hipnotizador por otro milagro? Porque últimamente no siento apetito sexual y la relación sexual casi ha desaparecido. No hay deseo.»

Su esposa se sintió feliz. Dijo: «Sí, vete», porque se había sentido muy frustrada.

El hombre fue al hipnotizador. Cuando volvió, su esposa le preguntó: «¿Qué mantra, qué sugerencia te ha dado ahora?» El hombre no quería decírselo. Pero en pocas semanas su apetito sexual empezó a volver. Empezó a sentir deseo de nuevo. Su esposa estaba muy desconcertada. Seguía preguntándole continuamente, pero el hombre se reía y no le decía nada. Así que un día, cuando él estaba en el cuarto de baño por la mañana haciendo su meditación, esos quince minutos de mantra, ella intentó oír lo que decía. Y lo que decía era: «No es mi mujer. No es mi mujer. No es mi mujer.»

Damos a la gente por supuesta. Alguien es tu mujer, la relación ha terminado; alguien es tu marido, la relación ha terminado. Ya no hay aventura, el otro se ha vuelto una cosa, una mercancía. El otro ya no es un misterio que desvelar; el otro ya no es nuevo.

Recuerda, todo se muere con la edad. La periferia siempre es vieja, y el centro siempre es nuevo. La periferia no puede seguir siendo nueva, porque a cada momento se está volviendo vieja, rancia. El centro siempre es fresco y nuevo. Tu alma no es ni un niño ni un joven, ni un viejo.

Tu alma es simplemente eternamente fresca. No tiene edad. Puedes experimentar con ella, puede que seas joven, puede que seas viejo: cierra los ojos y descúbrelo. Trata de sentir cómo es tu centro, ¿viejo?, ¿joven? Sentirás que el centro no es ni lo uno ni lo otro. Es siempre nuevo, nunca envejece. ¿Por qué? Porque el centro no pertenece al tiempo.

En el proceso del tiempo, todo envejece. Nace un hombre, ¡el cuerpo ya ha empezado a envejecer! Cuando se dice que un niño tiene una semana, quiere decir que una semana de vejez ha penetrado en el niño. El niño ha pasado ya siete días hacia la muerte, ha completado siete días del proceso hacia la muerte. Va hacia la muerte, tarde o temprano estará muerto.

Todo lo que viene en el tiempo envejece. En cuanto entra en el tiempo, ya está envejeciendo. Tu cuerpo es viejo, tu periferia es vieja. No puedes amarla eternamente. Pero tu centro siempre es fresco, es eternamente joven. Una vez que te pones en contacto con él, el amor es un descubrimiento a cada momento. Y entonces la luna de miel no se acaba nunca. Si se acaba, no era una luna de miel en absoluto, era sólo un conocimiento superficial.

Y lo último que hay que recordar es: en la relación amorosa siempre echas la culpa al otro de cualquier cosa que va mal. Si algo no va como debiera, el otro es el responsable. Esto destruirá cualquier posibilidad de crecimiento futuro.

Recuerda: tú eres siempre el responsable, y cámbiate a ti mismo. Deja esas cualidades que crean problemas. Haz que el amor sea una autotransformación.

Como dicen en los cursos de vendedores: el cliente siempre tiene razón. A mí me gustaría decirte: en el mundo de la relación y el amor, eres tú siempre el que está equivocado, el otro siempre tiene razón.

Y esto es lo que los amantes sienten siempre. Si hay amor, siempre sienten: «Debo estar equivocado», si las cosas no van como deberían. ¡Y los dos sienten lo mismo! Entonces todo crece, entonces los centros se abren, entonces los límites se fusionan.

Pero si pensáis que el otro está equivocado, te cierras a ti mismo y al otro. Y el otro también piensa que tú estás equivocado. Los pensamientos son contagiosos. Si piensas que el otro está equivocado, incluso si no lo has dicho, incluso si estás sonriendo y mostrando que no piensas que el otro esté equivocado... el otro se ha dado cuenta, por tus ojos, por tus gestos, por tu cara. Incluso si eres actor, un gran actor, y puedes componer tu cara, tus gestos como quieras, también entonces el inconsciente está dando señales continuamente: «Estás equivocado.» Y cuando dices que el otro está equivocado, el otro empieza a sentir que tú estás equivocado.

La relación se destruye en ese escollo, y la gente se cierra. Si le dices a alguien que está equivocado, empieza a proteger, a salvaguardar. Y se cierra.

Recuerda siempre: en el amor siempre eres tú el equivocado. Y entonces la posibilidad se abrirá, y el otro sentirá lo mismo. Creamos la sensación en el otro. Cuando los amantes están cerrados, inmediatamente hay pensamientos que saltan del uno al otro. Incluso si no están diciendo nada, si están en silencio, se comunican.

El lenguaje es para los que no son amantes, para los que no aman. Para los amantes, el silencio es un lenguaje suficiente. Sin decir nada, siguen hablando.

Si te tomas el amor como *sadhana,* no digas que el otro está equivocado. Tan sólo trata de descubrir: en alguna parte debes estar equivocado en algo, y entonces abandona esa equivocación.

Va a ser difícil porque va a ir contra el ego. Va a ser difícil porque herirá tu orgullo. Va a ser difícil porque no será dominar, poseer. No serás más poderoso poseyendo al otro. Esto destruirá tu ego, por eso va a ser difícil.

Pero de la destrucción del ego es de lo que se trata, el objetivo. Desde donde quieras acercarte al mundo interno –desde el amor, desde la meditación, desde el yoga, desde la oración–, sea cual sea el camino que elijas, el objetivo es el mismo: la destrucción del ego, desechar el ego.

A través del amor se puede hacer muy fácilmente. ¡Y es tan natural! El amor es la religión natural[2].

*En mi relación a menudo me pierdo a mí misma y empiezo a sentirme cerrada. ¿Qué puedo hacer?*

Este es uno de los problemas fundamentales del amor. Todos los que aman tienen que aprenderlo; nadie nace sabiéndolo. Llega muy, muy despacio y a través de mucho dolor, pero cuanto antes llegue, mejor, que toda persona necesita su propio espacio, que no deberíamos interferir en ese espacio. Interferir es muy natural para los amantes, porque empiezan a tomar al otro por supuesto. Empiezan a pensar que ya no están separados. No piensan en términos de «yo» y «tú»; empiezan a pensar en términos de «nosotros». También sois eso, pero sólo de vez en cuando.

«Nosotros» es un fenómeno poco frecuente. Alguna vez, durante algunos momentos, los amantes llegan al punto en que esa palabra tiene sentido, en que pueden decir «nosotros», en que «yo» y «tú» desaparecen el uno en el otro, en que los límites se superponen. Pero estos son momentos excepcionales; no deberían tomarse por supuestos. No podéis permanecer «nosotros» las veinticuatro horas del día, pero es eso lo que exige todo amante, y eso crea sufrimiento innecesario.

Cuando os acercáis de vez en cuando, os hacéis uno, pero esos son momentos excepcionales, preciosos, que deben ser celebrados, y no podéis hacer que sean una cosa continua. Si lo intentáis, los destruiréis; entonces se perderá toda la belleza. Cuando ese momento se ha ido, se ha ido; de nuevo sois «yo» y «tú».

Tú tienes tu espacio, tu amante tiene su espacio. Y ahora hay que ser respetuoso y no interferir de ninguna forma en el espacio del otro; no hay que invadirlo. Si lo invades, hieres al otro; empiezas a destruir la individualidad del otro. Y como el otro te ama, se-

---

[2] *My Way: The Way of the White Clouds*, cap. 7.

guirá tolerándolo. Pero tolerar es una cosa; no es algo muy bello. Si el otro está sólo tolerándolo, entonces tarde o temprano se vengará. El otro no puede perdonarte, y sigue cargándose, un día, y otro, y otro... Has interferido con mil y una cosas, y todas se acumulan, y luego un día explotan.

Por eso los amantes se pelean tanto. Esa pelea se debe a esta constante interferencia. Y cuando interfieres en su ser, él trata de interferir en el tuyo, y nadie se siente bien así.

Por ejemplo, él se siente feliz y tú te sientes abandonada porque tú no te sientes feliz. Sientes como si te hubiera engañado. «¿Por qué está tan feliz?» Los dos deberíais sentiros felices, esa es tu idea. Eso sucede de vez en cuando. Pero a veces sucede que él está feliz y tú no estás feliz, o tú estás feliz y él no. Tenemos que comprenderlo, que uno tiene todo el derecho a sentirse feliz sin el otro... incluso si duele. Te gustaría participar, pero no estás así. Si insistes, todo lo que puedes hacer es: puedes matar su felicidad... y los dos perdéis de esa forma, porque si matas su felicidad, cuando tú sola estés feliz él matará tu felicidad. Poco a poco, en vez de hacernos amigos, nos volvemos enemigos...

El requisito básico es que hay que dar al otro libertad absoluta para que sea él mismo.

Si está feliz, alégrate, está feliz. Si puedes estar feliz y participar en su felicidad, bien. Si no puedes, déjalo solo. Si está triste, si puedes participar en su tristeza, bien. Si no puedes participar y te apetece cantar y te sientes feliz, déjalo solo. No lo arrastres con lo que tú quieres; déjalo a su aire. Así, poco a poco, surge un gran respeto mutuo. Este respeto se vuelve el cimiento del templo del amor[3].

---

[3] *Don't Look Before You Leap*, cap. 22.

# Capítulo 8

# Maternidad

*¿Podrías hablar sobre la responsabilidad, para una mujer, de ser madre?*

S ER MADRE es una de las mayores responsabilidades que hay en el mundo. Hay tanta gente en los divanes de los psicoanalistas, y hay tanta gente loca en los manicomios y fuera de los manicomios. Si profundizas en la neurosis de la humanidad, siempre encontrarás a la madre, porque hay tantas mujeres que quieren ser madres pero no saben cómo serlo. En cuanto la relación entre la madre y el niño va mal, la vida entera del niño va mal, porque ese es su primer contacto con el mundo, su primera relación. Todo lo demás estará en continuidad con ello. Y si el primer paso va mal, la vida entera va mal...

Una mujer debería hacerse madre sabiendo lo que hace. Estás tomando una de las mayores responsabilidades que puede tomar un ser humano.

Los hombres son un poco más libres en ese sentido porque no pueden tomar la responsabilidad de ser madre. Las mujeres tienen más responsabilidad. Así que sé madre, pero no des por sentado que por el mero hecho de ser una mujer eres necesariamente una madre, eso es una falacia.

La maternidad es un gran arte; tienes que aprenderlo. ¡Así que empieza a aprenderlo! Me gustaría decirte algunas cosas:

Primero, nunca trates al niño como si fuera tuyo, nunca lo poseas. Viene a través de ti, pero no es tuyo. Dios te ha usado como vehículo, como instrumento, pero el niño no es una posesión tuya. Ámalo, pero nunca poseas al niño. Si la madre empieza a poseer al niño, entonces se destruye la vida. El niño empieza a ser un prisionero. Estás destruyendo su personalidad y lo estás reduciendo a una cosa. Sólo una cosa puede ser poseída: una casa puede ser poseída, un coche puede ser poseído, nunca una persona. Así que ésta es la primera lección, prepárate para ella. Antes de que llegue el niño deberías estar lista para recibirlo como un ser independiente, como una persona por derecho propio, no simplemente como tu hijo o tu hija.

Y lo segundo: trata al niño como tratarías a una persona adulta. Nunca trates al niño como a un niño. Trata al niño con profundo respeto. Dios te ha elegido como anfitriona. Dios ha entrado en tu ser como huésped. El niño es muy frágil, desvalido. Es muy difícil respetar al niño. Es muy fácil humillar al niño. La humillación resulta fácil porque el niño está desvalido y no puede hacer nada, no puede tomar represalias, no puede reaccionar.

Trata al niño como a un adulto, y con gran respeto. En cuanto respetas al niño, no tratas de imponerle tus ideas. No tratas de imponerle nada. Simplemente le das libertad, libertad para explorar el mundo. Le ayudas a hacerse más y más poderoso en la exploración del mundo, pero nunca le das instrucciones. Le das energía, le das protección, le das seguridad, todo lo que necesite, pero le ayudas a alejarse de ti para explorar el mundo.

Y, por supuesto, la libertad incluye también el error. Es muy difícil para una madre aprender que cuando das libertad al niño no se trata sólo de libertad para el bien. Es también necesariamente la libertad para hacer mal, para cometer errores. Así que haz que el niño esté alerta, sea inteligente, pero nunca le des mandamientos, nadie los cumple, y la gente se vuelve hipócrita. Así que si realmente amas al niño, lo que hay que recordar es: nunca, nunca le ayudes de forma alguna, nunca le fuerces de forma alguna a volverse hipócrita.

Y lo tercero: no escuches a la moralidad, no escuches a la religión, no escuches a la cultura, escucha a la naturaleza. Todo lo que es natural es bueno, incluso si a veces te resulta muy difícil, muy incómodo. Porque no te han educado según la naturaleza. Tus padres no te educaron con verdadero arte, amor. Fue algo accidental. No repitas los mismos errores. Muchas veces te sentirás muy incómoda...

Por ejemplo, un niño pequeño comienza a jugar con sus órganos sexuales. La tendencia natural de la madre es parar al niño, porque le han enseñado que eso está mal. Incluso si siente que no hay nada malo en ello, si hay alguien presente se siente un poco avergonzada. ¡Siéntete avergonzada! Ese es tu problema; no tiene nada que ver con el niño. Siéntete avergonzada. Incluso si pierdes respetabilidad en la sociedad, piérdela, pero nunca interfieras con el niño. Deja que la naturaleza siga su curso. Tú estás ahí para facilitar lo que la naturaleza vaya desarrollando. Tú no eres quién para dirigir a la naturaleza. Estás ahí para ayudar.

Así que estas tres cosas... y empieza a meditar. Antes de que nazca el niño deberías entrar todo lo profundamente que puedas en la meditación.

Cuando el niño está en tu vientre, cualquier cosa que haces va continuamente al niño como vibración. Si estás enfadada, tu estómago tiene la tensión de la ira. El niño lo siente inmediatamente. Cuando estás triste, tu estómago tiene la atmósfera de la tristeza. Inmediatamente el niño se siente apagado, deprimido.

El niño depende totalmente de ti. Del humor que estés tú, de ese humor está el niño. Ahora mismo el niño no tiene independencia. Tu atmósfera es su atmósfera. Así que no más peleas, no más enfados. Por eso digo que ser madre es una gran responsabilidad. Tendrás que sacrificar muchas cosas.

Ahora, durante los siete meses que vienen tienes que estar muy, muy alerta. El niño es más importante que ninguna otra cosa. Si alguien te insulta, acéptalo, pero no te enfades. Di: «Estoy embarazada, y el niño es más importante que enfadarme contigo. Este episodio pasará y a los pocos días no recordaré quién me ha insultado y lo que he hecho. Pero el niño va a estar al menos setenta, ochenta años en el mundo. Es un gran proyecto.» Si quieres, puedes tomar nota de ello en tu diario. Cuando nazca el niño, entonces te puedes enfadar, pero no ahora mismo. Simplemente di: «Soy una madre embarazada. No me puedo enfadar, no está permitido.» Esto es lo que yo llamo comprensión sensible.

No más tristeza, no más ira, no más odio, no más peleas con tu pareja. Ambos tenéis que cuidar del niño. Cuando hay un niño, vosotros dos sois secundarios; el niño tiene todas las preferencias. Porque va a nacer una nueva vida... y va a ser vuestro fruto.

Si ya desde el principio entra en la mente del niño ira, odio, conflicto, entonces estáis causándole el infierno. Sufrirá. Entonces es mejor no traer al niño al mundo. ¿Para qué traer un niño al sufrimiento? El mundo está en un sufrimiento tremendo.

En primer lugar, traer un niño a este mundo es algo muy arriesgado. Pero incluso si quieres hacerlo, al menos trae a un niño que será totalmente diferente en este mundo, que no será desgraciado, que al menos contribuirá a que el mundo tenga un poco más de celebración. Traerá un poco más de festividad al mundo... un poco más de risa, amor, vida.

Así que durante estos días, celebra. Baila, canta, escucha música, medita, ama. Sé muy suave. No hagas nada apresurado, con prisa. No hagas nada con tensión. Hazlo lentamente. Aminora el paso absolutamente. Va a llegar un gran huésped, tienes que recibirlo[1].

## ¿Cómo puedo cumplir mejor mi deber como madre?

No lo consideres un deber. Uno tiende a considerarlo un deber, y el día que lo consideras un deber, algo muere, algo con un valor inmenso desaparece. La relación se ha roto. Considéralo una celebración. El niño es un regalo de Dios. Sé respetuosa con el niño, no sólo amorosa, sino también respetuosa. Si no hay respeto, el amor se vuelve posesivo. Si hay respeto, ¿cómo vas a poseer?

No puedes poseer a alguien a quien respetas. La idea misma es fea, irrespetuosa. Poseer a una persona significa reducirla a una cosa. Y una vez que el niño es tu posesión, te sientes cargada. Entonces hay un deber que cumplir, y luego las madres hablan durante toda su vida de cuánto han hecho.

---

[1] *God Is Not For Sale*, cap. 6.

Una madre verdadera nunca dirá una sola palabra sobre lo que ha hecho, y no sólo no lo dirá: nunca siente que lo haya hecho. Lo ha disfrutado; se siente agradecida al niño. No es sólo el nacimiento del niño: simultáneamente *tú* naces de una forma nueva, la madre nace. Un aspecto es el nacimiento del niño; otro aspecto es que ha nacido tu maternidad. El niño te ha transformado tremendamente. Te ha dado algo. Ya no eres la misma persona. Hay una gran diferencia entre una mujer y una madre.

Así que sé amorosa, sé respetuosa, y ayúdale a crecer de tal forma que no le pongas trabas. Desde este mismo momento, desde el mismo comienzo, hay que estar alerta sobre esto. Y recuerda no repetir el mismo patrón que has aprendido de tu madre. Eso es muy natural porque eso es lo que sabes sobre cómo debe ser una madre, y repetirás con tu niño la conducta de tu madre, y eso será un error. Sé absolutamente nueva. Olvídate de todo lo que has aprendido de tu madre; no sigas eso. Sé completamente nueva, responde de forma nueva. Escucha las necesidades de tu niño y responde con unas cuantas nociones absolutamente certeras.

Una de ellas es: da amor, pero nunca des una estructura. Da amor, pero nunca des un carácter. Da amor, pero la libertad tiene que permanecer intacta. El amor no debería ser una invasión de su libertad. Nadie piensa en la libertad de un niño pequeño, pero ¿cuándo pensarás en ello? Mañana seguirá siendo pequeño..., ¿pasado mañana...? De hecho, la madre nunca considera a su hijo o hija como una persona adulta capaz de ser libre. Nunca. Porque la distancia entre tú y el hijo o hija siempre seguirá siendo la misma. Si es una distancia de veinte años, seguirá siendo de veinte años. Así que desde este mismo momento, desde el mismo comienzo, sé respetuosa y dale libertad.

Y si a veces llora, no es necesario preocuparse por ello. Deja que llore, déjalo solo un poco. No es necesario correr siempre y estar siempre atenta para servirle. Eso parece amor, pero en realidad estás interfiriendo en su libertad. Puede que no necesite leche; a veces un niño simplemente llora. Un niño simplemente disfruta llorando, esa es su única forma de expresarse. No tiene lenguaje, ese es su lenguaje; grita, llora. Deja que llore, no hay nada de malo en ello. Está intentando relacionarse con el mundo. No trates de consolarlo, no le des el pecho inmediatamente. Si no tiene hambre, darle el pecho es como una droga.

Las madres usan sus pechos como una droga, ¿mm? El niño empieza a beber, se olvida de llorar y se duerme. Es cómodo, pero has empezado a invadirle. Si no quiere la leche, si no está anhelándola, déjalo. Entonces nunca necesitará ninguna terapia esencial. Las personas que gritan en la terapia esencial son las personas con las que se interfirió durante su infancia y nunca se les permitió gritar.

Permíteselo todo y deja que sienta que es él mismo. Déjale más y más que sienta que es él mismo; interponte menos y menos en su camino. Ayúdale, nútrelo, pero deja que crezca por sí mismo. Incluso a veces, cuando sientas que va mal, no eres quien para juzgar. Si va mal en tu opinión, esa es sólo tu opinión. Eso es lo que tú piensas. Puede que no vaya mal.

Él no está aquí en este mundo para seguir tu opinión. Y es muy fácil imponerle tus opiniones porque él está desvalido. Su supervivencia depende de ti; tiene que escucharte. Si dices: «No hagas eso», incluso si quiere hacerlo y se siente bien haciéndolo, tendrá que parar, porque es arriesgado ir contra ti.

Una madre verdadera permitirá a su niño tanta libertad que, incluso si quiere ir contra su opinión, se lo permitirá. Simplemente díselo con claridad: «En mi opinión eso no está bien, pero eres libre para hacerlo.» Déjale que aprenda con su propia experiencia. Así es como uno se hace realmente maduro; de otra forma la gente sigue siendo infantil. Crecen en edad, pero no crecen en su conciencia. De forma que su edad física puede ser de cincuenta años, y su mente quizá es de sólo once, diez, doce años o algo así. Trece años es la edad mental media de la gente. Eso significa que dejan de crecer a esa edad, y esa es la media. En el cálculo de esa media se incluye a Albert Einstein y a los Budas y a los Cristos. Si piensas en personas reales, su edad mental es muy baja. Viene a ser de unos siete u ocho años; alrededor de los siete años el niño se para. Y nunca crece, simplemente sigue.

Dale tu amor, comparte tu experiencia, pero nunca le impongas nada. Y entonces crecerá y será una bella persona[2].


*Cuando di a luz a mi primer hijo, sentí que yo también estaba naciendo de alguna manera. ¿Puedes hablar sobre el nacimiento de una madre?*


Siempre que nace un niño, no sólo nace el niño –esa es una parte del asunto–; también la madre nace. Antes era una mujer corriente; mediante el nacimiento se convierte en una madre. Por una parte nace el niño; por la otra, nace la madre. Y una madre es totalmente diferente a una mujer. Existe una diferencia, toda su existencia se vuelve cualitativamente diferente. Antes puede que fuera una esposa, una amada, pero de pronto eso ya no es importante. Ha nacido un niño, ha llegado un nuevo tipo de vida: es madre.

Es por eso por lo que los maridos siempre tienen miedo a los niños. Básicamente nunca les gustan los niños porque un tercer miembro entra en la relación; y no sólo entra, sino que este tercer miembro se convierte en el centro. Y después de eso la mujer ya nunca es la misma esposa, es diferente. Después de eso, si un marido quiere realmente amor tiene que volverse como un hijo, porque esta mujer que se ha vuelto madre ya nunca puede ser una esposa corriente otra vez. Se ha vuelto madre, ya no hay nada que hacer. Lo único que te queda es volverte como un hijo para ella. Esta es la única manera en que puedes conseguir su amor de nuevo; de otra forma, su amor se dirigirá a su hijo[3].

Cuando una mujer se hace madre, le sucede algo tremendamente significativo. Para una mujer es casi como un nuevo nacimiento. Es algo que resulta muy difícil de comprender para un hombre a no ser que sea creativo. Si él ha dado a luz una pintura o poema, entonces quizá pueda hacerse una pequeña idea. Cuando

---

[2] *Don't Look Before You Leap*, cap. 30.
[3] *The Mustard Seed: My Most Loved Gospel on Jesus*, cap. 18.

un poeta ha dado a luz un poema, se siente tremendamente feliz. Nadie puede comprender lo que ha sucedido simplemente por componer un poema. Pero no es sólo un poema. Había mucha agitación en su interior, y el poema ha clarificado muchas cosas.

Pero eso no es nada comparado con una mujer que se ha hecho madre, nada. Un poema es un poema: en el momento en que nace ya está muerto. Cuando está dentro del poeta tiene vida; en el momento en que se lo expresa es un mueble muerto. Puedes colgarlo en la pared. Puedes tirarlo a la basura o hacer lo que quieras, pero ya no está vivo.

Cuando una mujer da a luz un niño, es vida. Cuando mira al niño a los ojos, mira su propio ser. Cuando un niño empieza a crecer, ella crece con él[4].

*Este maratón loco, dulce, delicioso, totalmente absorbente y físicamente agotador que se llama maternidad... Desde que esta bola de fuego llegó a nosotros –hace ahora casi dos años–, no ha habido ni una sola noche con sueño no interrumpido, ni un solo día de descanso. Y la sensación de que no hay nada más importante que simplemente estar presente para él, y muy a menudo sintiéndome inadecuada, tensa y cansada. ¿Dónde cabe la risa en todo esto? ¡Socorro!*

Dar a luz un niño es una cosa, ser madre es totalmente distinto. Cualquier mujer puede dar a luz un niño; este es un fenómeno muy simple. Pero para ser una madre se necesita mucho arte, se necesita mucho entendimiento.

Estás creando un ser humano, ¡esta es la mayor de las creaciones!

La mujer pasa por esos nueve meses de agonía y éxtasis. ¡Y el

---

4 *Get Out of Your Own Way*, cap. 3.

trabajo aún no se ha acabado! De hecho, es entonces cuando el trabajo, el verdadero trabajo, comienza, cuando nace el niño. Y el niño trae de nuevo una cualidad fresca a la vida. Todo niño es primitivo, un bárbaro; ahora la madre tiene que civilizarlo. Todo niño es un bárbaro; recuerda: es un animal salvaje. Y la madre tiene que darle cultura, tiene que enseñarle las formas de vida, las formas humanas. Es un trabajo enorme.

Tienes que recordar que tu trabajo no ha terminado, acaba de empezar. ¡Tómatelo con alegría! Estás creando algo inmensamente valioso, estás tallando una vida, estás protegiendo una vida. Es un trabajo tal que no hay sacrificio excesivo, cualquier sacrificio se puede y se debe hacer. Esto es lo primero.

Lo segundo: no te lo tomes muy en serio, porque si no destruirás al niño. Tu seriedad se volverá destructiva. ¡Hay mucha responsabilidad! Pero hay que tomársela como un juego. Trata al niño como si fuera un instrumento musical. Que ahora el niño sea tu instrumento. Trátalo con mucho cuidado, pero a la vez como un juego. Si te pones muy seria, el niño empezará a sentir tu seriedad y quedará abrumado y paralizado. No agobies al niño; no empieces a sentir que estás haciendo algo grande por él. Cuando digo que estás haciendo algo grande, quiero decir que te lo estás haciendo a ti misma. Ayudando al niño a crecer y volverse un bello ser humano, un buda, te estarás volviendo la madre de un buda. No estarás complaciendo al niño: simplemente estarás disfrutando tu propia vida; tu propia vida se volverá una fragancia a través del niño.

Es una oportunidad, una oportunidad que te da Dios.

Y estos son los dos peligros: o descuidas al niño, te cansas de él, o te lo tomas demasiado en serio y empiezas a agobiarlo, a ponerle en deuda contigo. Ambas actitudes son erróneas. Ayuda al niño, pero simplemente por la alegría que ello te proporciona. Y nunca pienses que está en deuda contigo. Por el contrario, siéntete agradecida de que te haya elegido para ser su madre. Que tu maternidad florezca a través de él.

Si puedes florecer en tu maternidad, te sentirás agradecida al niño para siempre.

Y, naturalmente, no faltarán los sacrificios, pero hay que hacerlos... con alegría. ¡Sólo entonces es un sacrificio! Si lo haces sin alegría, no es un sacrificio. Sacrificio viene de la palabra «sacro». Cuando lo haces con alegría, es sagrado. Cuando no lo haces con alegría, simplemente estás cumpliendo una obligación, y todas las obligaciones son feas, no son sagradas.

Esta es una gran oportunidad. Medita sobre ella, profundiza en ella. Nunca encontrarás una relación semejante; de hecho, no existe ninguna como la que hay entre un niño y una madre. Ni siquiera la de marido y mujer, amante y amado o amada, la relación no es tan profunda como entre madre e hijo. No puede ser nunca tan profunda con nadie más, porque el niño ha vivido en ti durante nueve meses, como parte de ti; nadie más puede vivir en ti durante nueve meses como parte de ti.

Y el niño se volverá un individuo separado tarde o temprano, pero en alguna parte profunda del inconsciente la madre y el hijo o hija permanecerán conectados.

Si tu hijo o hija se puede volver un buda, tú te beneficiarás de ello; si crece y se vuelve un bello ser humano, tú te beneficiarás de ello, porque siempre permanecerá conectado contigo. Sólo la conexión física se ha desconectado; la conexión espiritual no se desconecta nunca.

¡Da gracias a Dios! La maternidad es una bendición[5].

*¿Puedes hablar sobre las cualidades maternales de
una mujer?*

Buda dice: «Ser madre es dulce.» ¿Por qué? Dar a luz a un niño no es suficiente para ser una madre, recuerda. De otra forma, hay millones de madres en la Tierra, y parece que no hay dulzura. De hecho, si preguntas a los psicólogos te dirán justo lo contrario. Te dirán que el único problema que hay que solucionar es la madre.

---

[5] *Walk Without Feet, Fly Without Wings and think Without Mind.*

La única patología que sufren millones de personas es la madre. Y lo que dicen lo dicen tras cincuenta, sesenta años de continuo análisis de miles de personas. La enfermedad de todo el mundo tiene un punto básico: que te ha sido dada, que te ha sido transmitida por tu madre.

Hay personas que tienen miedo a las mujeres, y si les tienes miedo no puedes amarlas. ¿Cómo va a surgir amor del miedo? ¿Y por qué tienes miedo a las mujeres?, porque has vivido tu infancia con miedo a tu madre. Ella estaba continuamente detrás de ti, ella te estaba martilleando continuamente. Te decía continuamente que hicieras esto y que no hicieras aquello, por supuesto, por tu propio bien. Ella te ha lisiado, ha destruido muchas cosas en ti. Te ha hecho falso porque te ha dicho lo que se debe hacer. Te guste o no, surja espontáneamente en ti o no, tienes que obedecer la orden. Y tú estabas tan desvalido... tu supervivencia dependía de tu madre, así que tenías que escucharla. Ella te ha condicionado. Y es a causa del miedo a tu madre que tienes miedo a las mujeres.

Millones de maridos están dominados por sus mujeres por la sencilla razón de que sus madres eran demasiado fuertes. No tiene nada que ver con la esposa; simplemente están proyectando a la madre en la esposa. La esposa es sólo una nueva edición de la madre. Están esperando de la esposa todo lo que esperaban de la madre. Por un lado, esto los paraliza; por el otro, empiezan a esperar cosas que no son posibles por parte de la esposa, porque ella no es tu madre. Y se sienten frustrados. ¿Cómo vas a poder hacer el amor a tu esposa?

Un muchacho que ha estado realmente dominado por su madre, que ha sido reducido a la obediencia absoluta, no podrá hacer el amor a una mujer, porque cuando se acerque a la mujer psicológicamente se volverá impotente. ¿Cómo vas a poder hacer el amor a tu madre? Es imposible.

Por eso, muchos hombres se vuelven impotentes con sus mujeres, pero sólo con sus mujeres. Con las prostitutas no son impotentes. Es extraño: ¿por qué no son impotentes con la prostituta? Por la sencilla razón de que no pueden pensar en su madre como una prostituta; eso es imposible. ¿Su madre, una prostituta? La prostituta es un mundo aparte. Pero sí pueden pensar en su esposa como una madre, pueden proyectar a la madre. La esposa se vuelve simplemente una pantalla. Quieren que su esposa los cuide como a un niño pequeño, y si no lo hace se sienten ofendidos.

Hay miles de personas neuróticas y psicóticas en el mundo a causa de la madre.

Y Buda dice: «Ser madre es dulce.» Debe querer decir otra cosa. ¡No puede referirse a las madres judías! No se refiere sólo a dar a luz a un niño; eso no hace que una mujer sea una madre. Ser maternal es un fenómeno totalmente diferente. Es algo absolutamente humano; trasciende la animalidad. No tiene nada que ver con la biología. Es amor, amor puro, amor incondicional.

Cuando una madre ama incondicionalmente –y sólo una madre puede amar incondicionalmente–, el niño aprende el gozo del amor incondicional. El niño se vuelve capaz de amar incondicionalmente. Y ser capaz de amar incondicionalmente es ser religioso.

Y es lo más fácil para una mujer. Es fácil para ella porque está preparada para ello naturalmente. Ella está a punto de trascender la biología al ser madre. Puedes ser maternal sin dar a luz a un niño. Puedes ser maternal con cualquiera. Puedes ser maternal con un animal, con un árbol. Puedes ser maternal con cualquier cosa. Es algo que hay en ti.

Ser maternal significa ser capaz de amar incondicionalmente, de amar a alguien por el puro gozo de amar, de ayudar a alguien por el puro gozo de ver a alguien crecer.

Un terapeuta auténtico es una madre. Si no lo es, no es un terapeuta auténtico. Es sólo un profesional que explota a la gente, que los explota porque sufren. Pero un terapeuta auténtico es una madre. Se convierte en un útero para el paciente. Da un nuevo nacimiento al paciente. Empieza la vida del paciente de nuevo desde el principio. Le da una hoja en blanco para que escriba su vida de nuevo.

A eso me refiero cuando hablo de «la psicología de los budas»; eso es terapia auténtica. Un maestro es un terapeuta auténtico; su mera presencia es terapéutica. Te rodea como una madre. Es una nube que te rodea por todas partes, por todos lados, en todas las dimensiones, como una madre[6].

[6] *The Dhammapada: The Way of the Buddha*, vol. 9, cap. 7.

# Capítulo 9

# Familia y control de la natalidad

*La familia ha sido el elemento social básico durante miles de años, y, sin embargo, tú dudas de su validez en tu nuevo mundo. ¿Qué sugieres que puede reemplazarla?*

A L HOMBRE se le ha quedado pequeña la familia. La utilidad de la familia se ha terminado; ha durado demasiado. Es una de las instituciones más antiguas, por lo que sólo alguien muy perceptivo puede ver que ya está muerta. A los demás les llevará tiempo reconocer el hecho de que la familia ha muerto.

Ha cumplido su trabajo. Ya no es relevante en el nuevo contexto; ya no es relevante para la nueva humanidad que está naciendo.

La familia ha sido buena y mala. Ha servido de ayuda –el hombre ha sobrevivido gracias a ella– y ha sido muy dañina porque ha corrompido la mente humana. Pero en el pasado no había alternativa, no había forma de elegir otra cosa. Era un mal necesario. Esto no tiene por qué ser así en el futuro. En el futuro puede haber estilos alternativos.

Mi idea es que el futuro no va a tener un patrón fijo; tendrá muchos, muchos estilos alternativos. Si varias personas aún eligen tener una familia, deberían tener libertad para hacerlo. Será un porcentaje muy pequeño.

Hay familias en el mundo –muy pocas, no más del 1 por 100– que son realmente bellas, que son realmente beneficiosas, en las que sucede el crecimiento; en las que no hay autoridad, no hay juegos de poder, no hay posesión; en las que no se destruye a los niños; en las que la esposa no trata de destruir al marido y el marido no trata de destruir a la esposa; en las que hay amor y libertad; en las que las personas están juntas por puro gozo, sin ningún otro motivo; en las que no hay política. Sí, este tipo de familias ha existido sobre la Tierra; aún están ahí. Para esas personas no es necesario cambiar. En el futuro pueden continuar viviendo en familias.

Pero para la inmensa mayoría, la familia es algo feo. Puedes preguntar a los psicoanalistas y te dirán: «Todo tipo de enfermedades mentales surgen de la familia. Todo tipo de psicosis, neurosis, surgen de la familia. La familia crea seres humanos muy, muy enfermos[1].»

La familia es la causa básica de todas las neurosis. Tenemos que comprender la estructura psicológica de la familia, lo que hace a la conciencia humana.

Lo primero es: condiciona al niño a cierta ideología religiosa, dogma político, alguna filosofía, alguna teología. Y el niño es tan inocente y abierto, tan vulnerable, que puede ser explotado. Aún no puede decir que no, no se le cruza por la mente decir que no, e incluso si pudiese decir que no, no lo diría porque depende totalmente, absolutamente de la familia. Está tan desvalido que tiene que estar de acuerdo con la familia, con cualquier tontería que la familia quiera que acepte.

La familia no contribuye a que el niño indague; le da creencias, y las creencias son venenos. Una vez que el niño está cargado de creencias, su capacidad de indagar está incapacitada, paralizada, le han cortado las alas. Para cuando llegue el momento en que sea capaz de indagar, estará tan condicionado que iniciará cualquier investigación con un cierto prejuicio, y con un prejuicio tu indagación no es auténtica. Llevas ya una conclusión *a priori;* estás

---

[1] *Sufis: The People of the Path*, vol. 2, cap. 12.

buscando simplemente pruebas que apoyen tu conclusión inconsciente. Te vuelves incapaz de descubrir la verdad.

Por eso hay tan pocos budas en el mundo: la causa básica es la familia. Si no, todo niño que nace es un buda, viene con el potencial para alcanzar la conciencia suprema, para descubrir la verdad, para vivir una vida de dicha. Pero la familia destruye todas estas dimensiones; lo vuelve totalmente plano.

Todo niño llega con una inteligencia tremenda, pero la familia lo vuelve mediocre, porque vivir con un niño inteligente resulta molesto. Un niño inteligente duda, es escéptico, hace preguntas, es desobediente, es rebelde. Y la familia quiere alguien que sea obediente, que esté dispuesto a seguir, a imitar. Por eso, hay que destruir la semilla de la inteligencia desde el principio mismo, hay que quemarla casi completamente, para que no haya ninguna posibilidad de que surjan brotes de ella.

Es un milagro que algunas pocas personas como Zaratustra, Jesús, Lao Tse, Buda, escaparan de la estructura social, del condicionamiento de la familia. Parece que son grandes cimas de la conciencia, pero en realidad todo niño nace con la misma cualidad, con el mismo potencial.

El 99 por 100 de las personas pueden llegar a ser budas, sólo tiene que desaparecer la familia. De otra forma, habrá cristianos y musulmanes e hindúes y jainistas y budistas, pero no Budas, ni Mahaviras, ni Mahomas; eso no será posible. Mahoma se rebeló contra *su* cultura, Buda se rebeló contra *su* cultura, Jesús se rebeló contra *su* cultura. Todos ellos son rebeldes, y la familia está absolutamente en contra del espíritu rebelde.

La humanidad está atravesando una fase muy crítica. Tenemos que decidir si queremos vivir según el pasado o si queremos vivir un nuevo estilo de vida. ¡Ya basta! Hemos intentado el pasado y sus patrones y todos ellos han fracasado. Ya es hora, ha llegado el momento de librarse del pasado y crear un nuevo estilo de vida en la Tierra [2].

---

[2] *Philosophia Ultima*, cap. 3.

Para mí, un estilo alternativo es la comuna, es el mejor.

Una comuna significa gente viviendo en una familia líquida. Los niños pertenecen a la comuna, pertenecen a todos. No hay propiedad personal, no hay ego personal. Un hombre vive con una mujer porque quieren vivir juntos, porque lo valoran, porque lo disfrutan. En el momento en que sienten que ya no hay amor, no siguen aferrándose el uno al otro. Se despiden llenos de gratitud, llenos de amistad. Empiezan a estar con otras personas. El único problema en el pasado era qué hacer con los niños.

En una comuna, los niños pueden pertenecer a la comuna, y eso será mucho mejor. Tendrán más oportunidades de crecer con muchos más tipos de personas. De otra forma, un niño crece con la madre. Durante años, la madre y el padre son las únicas imágenes de seres humanos para él. Naturalmente, empieza a imitarlos.

Los niños se vuelven imitadores de sus padres, y perpetúan el mismo tipo de enfermedad en el mundo, como hicieron sus padres. Se vuelven reproducciones duplicadas. Esto es muy destructivo. Y no hay manera de que los niños hagan otra cosa; no tienen ninguna otra fuente de información.

Si cien personas viven juntas en una comuna, habrá muchos hombres y muchas mujeres; el niño no necesita fijarse y obsesionarse con un patrón de vida. Puede aprender de su padre, puede aprender de sus tíos, puede aprender de todos los hombres de la comunidad. Tendrá un alma más grande.

Las familias aplastan a las personas y les dan almas muy pequeñas. En la comuna el niño tendrá un alma más grande; tendrá más posibilidades, estará mucho más enriquecido en su ser. Verá a muchas mujeres; no tendrá sólo una idea de la mujer. Es muy destructivo tener sólo una idea única de la mujer, porque durante toda tu vida seguirás buscando y buscando a tu madre. Cuando te enamores de una mujer, ¡observa! Existen todas las posibilidades de que hayas encontrado a alguien que es similar a tu madre, y puede que eso sea lo que deberías haber evitado.

Todo niño está enfadado con su madre. La madre tiene que prohibir muchas cosas, la madre tiene que decir que no, no se puede evitar. Incluso una buena madre necesita decir que no a veces, y restringir y negar. El niño siente rabia, ira. Odia a la madre y también la ama porque ella es su supervivencia, su fuente de vida y energía. Así que odia a la madre y ama a la madre a la vez.

Y ése se vuelve el patrón. Amarás a la mujer y odiarás a la misma mujer. Y no tienes ninguna otra elección. Seguirás siempre buscando, inconscientemente, a tu madre. Y eso les sucede también a las mujeres, continúan buscando a su padre. Toda su vida es una búsqueda para encontrar a papá en un marido.

Pero tu papá no es la única persona en el mundo; el mundo es mucho más rico. Y de hecho, si puedes encontrar un papá, no serás feliz. Puedes ser feliz con un amado, con un amante, no con tu papá. Si puedes encontrar a tu madre, no serás feliz con ella. Ya la conoces, no queda nada que explorar. Eso ya es familiar, y la familiaridad engendra desprecio. Deberías buscar algo nuevo, pero no tienes ninguna imagen.

En una comuna un niño tendrá un alma más rica. Conocerá a muchas mujeres, conocerá a muchos hombres; no será adicto a una o dos personas.

La familia crea en ti una obsesión, y la obsesión es contraria a la humanidad. Si tu padre está peleándose con alguien y ves que está equivocado, no importa, tienes que estar con tu padre y de parte suya. De igual forma que la gente dice: «¡Tenga o no tenga razón, mi país es mi país!»; y dice también: «Mi padre es mi padre, tenga o no tenga razón. Mi madre es mi madre, tengo que estar con ella.» Si no, será una traición.

Eso te enseña a ser injusto. Puedes ver que tu madre está equivocada y está luchando con el vecino y el vecino tiene razón, pero tienes que estar a favor de tu madre. Ese es el aprendizaje de una vida injusta.

En una comuna no estarás demasiado apegado a una familia, no habrá familia a la que apegarse. Serás más libre, estarás menos obsesionado. Serás más justo. Y recibirás amor de muchas fuentes. Sentirás que la vida es amorosa.

La familia te enseña un tipo de conflicto con la sociedad, con otras familias. La familia exige el monopolio. Te pide que estés con ella y contra todos. Tienes que estar al servicio de tu familia. Tienes que seguir luchando por el nombre y la reputación de la familia. La familia te enseña ambición, conflicto, agresión. En una comuna serás menos agresivo, te sentirás más a gusto con el mundo porque has conocido a tanta gente.

Eso es lo que voy a crear aquí, una comuna, donde todos serán amigos. Incluso los maridos y las mujeres no deberían ser más que amigos. Su matrimonio debería ser sólo un acuerdo entre dos, que han decidido estar juntos porque son felices juntos. En el momento en que siquiera uno de ellos decide que se está asentando la infelicidad, se separan. No es necesario el divorcio. Como no hay matrimonio, no hay divorcio. Se vive espontáneamente.

Cuando vives sin felicidad, poco a poco te acostumbras a la infelicidad. Uno no debería tolerar la infelicidad nunca, ni siquiera un momento. Puede que haya estado bien vivir con un hombre en el pasado, que te haya dado alegría, pero si ya no resulta alegre tienes que dejarlo. Y no hay necesidad de enfadarse y ponerse destructivo, y no hay necesidad de guardar rencor, porque con respecto al amor no se puede hacer nada.

El amor es como una brisa. Ves... simplemente viene. Si está ahí, está ahí. Luego se va. Y cuando se ha ido, se ha ido.

El amor es un misterio, no lo puedes manipular. El amor no debería ser manipulado, no debería ser legalizado, no debería ser forzado, por ningún motivo.

En una comuna, las personas vivirán juntas por el puro gozo de estar juntas, por ninguna otra razón. Y cuando el gozo ha desaparecido, se separan. Quizá se sientan tristes, pero tienen que separarse. Quizá la nostalgia del pasado aún les ronde la cabeza, pero tienen que separarse. Se deben el uno al otro que no deberían vivir sin felicidad, porque de otra forma la infelicidad se vuelve un hábito. Se separan con dolor en el corazón, pero sin rencor. Buscarán otras parejas.

En el futuro no habrá matrimonio como el del pasado, y no habrá divorcio como en el pasado. La vida será más líquida, con más confianza. Habrá más confianza en los misterios de la vida que en la claridad de la ley, más confianza en la vida misma que en ninguna otra cosa, los tribunales, la policía, los curas, la Iglesia.

Y los niños deberían pertenecer a todos, no deberían llevar los distintivos de su familia. Pertenecerán a la comuna; la comuna cuidará de ellos.

Este será el paso más revolucionario de la historia humana, la gente empezando a vivir en comunas y empezando a ser sinceros, honestos, confiados, y abandonado paulatinamente la ley.

En una familia, el amor desaparece tarde o temprano. Es posible que, para empezar, no haya existido en absoluto desde el principio mismo. Quizá ha sido un matrimonio de conveniencia, por otros motivos, por dinero, poder, prestigio. Puede que no haya habido amor desde el principio. Entonces los niños nacen de un lazo conyugal que es más como un lazo mortal, los niños no nacen del amor. Desde el principio mismo están abandonados. Y esta ausencia de amor en la casa los vuelve apagados y poco amorosos. Su primera lección de la vida la aprenden de sus padres, y los padres no son amorosos, y hay celos y luchas y enfados continuos. Y los niños siguen viendo la cara fea de sus padres.

Así se destruye su esperanza. No pueden creer que el amor vaya a suceder en su vida si no ha sucedido en la vida de sus padres. Y ven también a otros padres, a otras familias. Los niños son muy perceptivos; miran continuamente a su alrededor y observan. Cuando ven que no hay posibilidad de amor, empiezan a pensar que el amor sólo existe en la poesía, sólo existe para los poetas, los visionarios, no existe realmente en la vida. Y una vez que has aprendido la idea de que el amor es sólo poesía, nunca sucederá, porque te has cerrado a él.

Verlo suceder es la única forma de dejar que te suceda más adelante en tu propia vida. Si ves que tu padre y tu madre comparten un profundo amor, un gran amor, que cuidan el uno del otro, que son compasivos el uno con el otro, que se respetan, entonces has visto suceder el amor. Así surge la esperanza. Cae una semilla en tu corazón y empieza a crecer. Sabes que también te va a suceder a ti.

Si no lo has visto, ¿cómo vas a creer que te va a suceder a ti también? Si no les sucedió a tus padres, ¿cómo te va a suceder *a ti?* De hecho, harás todo lo posible para evitar que te suceda; de otra forma, parecerá como una traición a tus padres.

Esto es lo que he observado en la gente: las mujeres siguen diciendo en lo profundo de su inconsciente: «Mira, mamá, estoy sufriendo tanto como tú.» Los muchachos siguen diciéndose a sí mismos más adelante: «Papá, no te preocupes, mi vida es tan desdichada como la tuya. No te he superado, no te he traicionado. Sigo siendo la misma persona desdichada que eras tú. Llevo la cadena, la tradición. Soy tu representante, papá, no te he traicionado. Mira, estoy haciendo lo mismo que tú solías hacer con mi madre, se lo estoy haciendo a la madre de mis hijos. Y lo que solías hacerme a mí, se lo estoy haciendo a mis hijos. Los estoy criando como tú me criaste a mí.»

Pero la idea misma de criar a los niños es una tontería. Como mucho, puedes ayudar, pero no puedes criarlos. La idea misma de formar a los niños es una tontería, no sólo es una tontería, es muy dañina, inmensamente dañina. No puedes formar... Un niño no es una cosa, no es algo que se pueda formar.

Un niño es como un árbol. Sí, le puedes ayudar. Puedes preparar el terreno, puedes poner fertilizantes, puedes regar, puedes ver si el Sol llega a la planta o no, eso es todo. Pero no es que tú estés criando la planta, está brotando por sí misma. Puedes ayudarla; no puedes criarla y no puedes formarla.

Los niños son misterios inmensos. En cuanto empiezas a formarlos, en cuanto empiezas a crear patrones y un carácter en torno a ellos, los estás aprisionando. Nunca podrán perdonarte. Y eso será lo único que aprenderán. Y harán lo mismo con sus hijos, y así sucesivamente.

Cada generación continúa dando sus neurosis a la gente nueva que llega a la Tierra. Y la sociedad persiste con toda su locura, su sufrimiento.

No, ahora es necesario algo diferente. El hombre se ha hecho mayor de edad y la familia es algo que pertenece al pasado; no tiene ningún futuro. La comuna será lo que sustituya a la familia, y será mucho más beneficiosa.

Pero sólo las personas meditativas pueden estar juntas en una comuna. Sólo cuando sabéis celebrar la vida podéis estar juntos; sólo cuando conoces ese espacio que llamo meditación puedes estar con la gente, puedes ser amoroso.

El hombre no puede ser feliz sin libertad, y vuestra vieja estructura familiar destruía la libertad. Y como destruía la libertad, destruía el amor. Ha sido una especie de medida necesaria para la supervivencia. Sí, de alguna forma ha protegido el cuerpo, pero ha destruido el alma. Ya no es necesaria. Tenemos que proteger también el alma. Esto es mucho más esencial y mucho más importante.

La familia no tiene futuro, no como se ha entendido hasta ahora. Lo que sí tiene futuro es el amor y las relaciones amorosas. «Marido» y «esposa» se van a convertir en palabras feas y sucias.

Y cuando monopolizas a una mujer o a un hombre, también monopolizas a los niños. Estoy totalmente de acuerdo con Thomas Gordon. Él dice: «Creo que todos los padres tienen el potencial de abusar de sus hijos, porque la manera básica de criar niños es mediante el poder y la autoridad. Creo que es destructivo que tantos padres tengan la idea: "Es mi hijo, puedo hacer lo que quiera con él." Es violento, es destructivo, tener la idea: "Es mi hijo y puedo hacer lo que me venga en gana con él."» Un niño no es una cosa, no es una silla, no es un coche. No puedes hacer lo que te venga en gana con él. Llega a través de ti, pero no te pertenece. Le pertenece a Dios, a la existencia. Como mucho, eres un guardián; no te vuelvas posesivo.

Pero la idea entera de la familia es una idea de posesión: posees propiedades, posees una mujer, posees un hombre, posees unos niños, y la posesión es un veneno.

Por todo ello, estoy en contra de la familia. Pero no estoy diciendo que los que sean realmente felices en sus familias –fluidas, vivas, amorosas– tengan que destruirlas. No, eso no es necesario. Su familia ya es una comuna, una pequeña comuna.

Y, por supuesto, una comuna mayor será mucho mejor, con más posibilidades, más gente. Gentes diferentes aportan canciones diferentes, gentes diferentes aportan estilos de vida diferentes, gentes diferentes aportan alientos diferentes, brisas diferentes, gentes diferentes aportan rayos de luz diferentes, y los niños deberían entrar en contacto con tantos estilos de vida diferentes como sea posible, para que puedan elegir, para que puedan tener la libertad de elegir.

Y deberían enriquecerse, porque al conocer a tantas mujeres no están obsesionados con la cara de su madre o el estilo de su madre. Así, podrán amar a muchas más mujeres, a muchos más hombres. La vida será mucho más una aventura.

He oído que:
Una madre en unos grandes almacenes llevó a su hijo al departamento de juguetes. Al divisar un gigantesco caballo de balancín, el niño se subió a él y empezó a mecerse durante casi una hora.

–Venga, hijo –suplicó la madre–, tengo que ir a casa a preparar la cena de papá. –El muchachito se negó a moverse y todos los esfuerzos de la madre fueron en vano. El director de los grandes almacenes intentó también persuadir al chico, pero sin ningún éxito. Por fin, desesperados, llamaron al psiquiatra de los almacenes.

Se acercó suavemente y susurró algo al oído del niño, e inmediatamente éste saltó y corrió al lado de su madre.

–¿Cómo lo ha hecho? –preguntó la madre incrédulamente–. ¿Qué le ha dicho?

El psiquiatra vaciló un momento, y luego dijo:

–Lo único que le he dicho es: ¡Si no te bajas del caballo ahora mismo, te voy a dar una buena paliza!

Tarde o temprano la gente aprende que el miedo funciona, que la autoridad funciona, que el poder funciona. Y los niños son tan desvalidos y tan dependientes de sus padres que les puedes asustar. Se vuelve tu técnica explotarlos y oprimirlos, y ellos no tienen adonde ir.

En una comuna tendrán muchos sitios a los que ir. Tendrán muchos tíos y muchas tías y mucha gente, no estarán tan desvalidos. No estarán tanto en tus manos como ahora mismo. Tendrán más independencia, menos desamparo. No podrás coaccionarlos tan fácilmente.

Y todo lo que ven en casa es desdicha. A veces, sí, ya lo sé, a veces el marido y la mujer son amorosos, pero siempre sucede en privado. Los niños no lo saben. Los niños sólo ven las malas caras, el lado feo. Cuando la madre y el padre son amorosos, lo hacen con la puerta cerrada. No hacen ruido, nunca permiten que los niños sepan qué es el amor. Los niños sólo ven el conflicto, quejas, peleas, golpes más o menos sutiles, insultos, humillaciones. Los niños están siempre viendo lo que pasa.

Un hombre está en el cuarto de estar leyendo el periódico. Entra su esposa y le da un tortazo.
–Pero ¿por qué? –pregunta el marido indignado.
–Por ser tan mal amante.
Un poco después, el marido se acerca a su mujer, que está mirando televisión, y le da una sonora bofetada.
–¿A qué viene esto? –grita ella.
A lo que él contesta:
–Por saber la diferencia.

Y esto sigue sin parar, y los niños observan siempre lo que está pasando. ¿Es esto la vida? ¿Para esto se supone que es la vida? ¿Esto es todo lo que hay? Empiezan a perder la esperanza. Antes de entrar en la vida ya son fracasados, han aceptado el fracaso. Si sus padres, que son tan listos y poderosos, no pueden triunfar, ¿qué esperanza les queda a ellos? Es imposible.

Y han aprendido los trucos, trucos para ser desdichado, trucos para ser agresivo. Los niños nunca ven que suceda el amor. En una comuna habrá más posibilidades. El amor debería salir un poco más a la luz. La gente debería saber que el amor sucede. Los niños pequeños deberían saber qué es el amor. Deberían ver a gente siendo cariñosa...

En un mundo mejor, más comprensivo, el amor estará por todas partes. Los niños verán qué es el cariño. Los niños verán el gozo que produce querer a alguien. Si observan, aprenden. Si saben lo que sucede, sus puertas se abren.

Habría que aceptar más el amor y rechazar más la violencia. El amor debería ser más asequible. Dos personas que hacen el amor no deberían preocuparse de que nadie se entere. Deberían reírse, cantar, gritar de alegría, para que todo el barrio sepa que alguien está amando a alguien, que alguien está haciendo el amor.

El amor debería ser un gran don. El amor debería ser algo divino. Es sagrado.

La vida puede volverse un paraíso aquí y ahora. Hay que quitar las barreras. La familia es una de las mayores barreras[3].


## ¿Por qué están todas las religiones en contra de la anticoncepción?

El Papa está en contra de la anticoncepción. Es normal que lo esté, porque *todas* las religiones están en contra de los métodos anticonceptivos, por la sencilla razón de que se reducirá el número de sus miembros. Es un juego político: ¿quién tiene un número mayor, los católicos o los protestantes, los hindúes o los jainistas o los musulmanes?

Es todo una política de números, sobre todo por la democracia. Cada persona es un voto: cuantos más niños tengas, más votos tienes. Y quien tenga más votos gobernará el país, gobernará el mundo. De forma que todos los jefes religiosos, todas las instituciones religiosas, todos los propagandistas religiosos están en contra de la anticoncepción.

Pero, en realidad, la anticoncepción es una de las mayores bendiciones que le han sucedido a la humanidad en toda la historia humana. Es la mayor revolución. Ninguna revolución es tan importante comparada con la invención de los anticonceptivos, porque a través de los anticonceptivos la mujer puede llegar a ser igual que el hombre. Sólo mediante los anticonceptivos puede la mujer tener todos los derechos que el hombre siempre ha reclamado para sí mismo. De otra forma, ella estaría casi siempre embarazada.

La mujer no podía trabajar en una fábrica, no podía trabajar en una oficina, no podía ser médico, no podía ser profesora. Como mucho, podía tan sólo ser ama de casa, y esto significa simplemente ser una criada doméstica. Y gastaba toda su vida dando a luz. No podía

---

[3] *Sufis: The People of the Path*, vol. 2, cap. 12.

hacer otra cosa, no podía pintar, no podía escribir poesía, no podía tocar música, no podía bailar. ¿Cómo vas a bailar si estás continuamente embarazada? Es algo tan deprimente, tan repugnante.

Pero en el pasado todo su trabajo era ser como una fábrica, seguir dando a luz a niños. Empezaba hacia los catorce años y continuaba mientras el hombre tenía la suficiente potencia para seguir procreando. Tener dos docenas de hijos no constituía una excepción, una docena era algo muy normal. Pero una mujer que da doce hijos al mundo o dos docenas de hijos al mundo no tendrá tiempo para nada más.

Esa es la causa básica de la esclavitud de la mujer. Y cuando estaba continuamente embarazada y enferma e indispuesta a causa del embarazo, tenía que depender del hombre, dependía económicamente del hombre. Y si dependes económicamente del hombre, no puedes ser libre. La economía es uno de los factores fundamentales. Si el dinero viene del hombre, entonces el dinero viene con ciertas condiciones.

Si necesitamos una humanidad en la que el hombre y la mujer sean iguales, entonces los anticonceptivos deberían usarse todo lo posible; deberían ser algo normal...

Los anticonceptivos han transformado la cualidad misma del sexo: el sexo se vuelve algo divertido. El sexo ya no es algo tan serio como solía ser. Se vuelve como un juego, dos cuerpos jugando uno con otro, eso es todo. No hay nada de malo en ello. Juegas al fútbol, ¿qué tiene de malo? Juegas al vóleibol, ¿qué tiene de malo? Es algo entre dos energías corporales.

El sexo también es un juego, pero antes no lo era. Antes de los anticonceptivos, era algo muy serio. Los anticonceptivos han erradicado toda esa seriedad. Y es normal que ahora las religiones tengan miedo, porque su edificio entero se puede desmoronar a causa de los anticonceptivos. Lo que los ateos no pudieron hacer en siglos, los anticonceptivos lo pueden hacer en décadas. Ya lo han hecho: los anticonceptivos han liberado al hombre de los sacerdotes.

Los anticonceptivos son una bendición, pero el Papa no puede estar a favor de ellos porque su poder está en juego, y no sólo el Papa, sino todos los jefes de las demás religiones, los *shankara-*

*charyas* y los *ayatolás* y los *imanes*, estarán en contra de los anticonceptivos. Todo su negocio está en peligro.

Yo estoy a favor de los anticonceptivos. Deberían usarse abun-
dantemente. A los niños deberían enseñarles los padres y las escuelas a usar los anticonceptivos, para que el sexo sea algo divertido, para que pierda toda aquella seriedad. Sólo entonces se puede
liberar la mujer.

Sin los anticonceptivos la mujer está destinada a seguir siendo
una esclava. La mitad de la humanidad viviendo en la esclavitud no
es una escena agradable de ver.

Y el Papa está también en contra del aborto. ¿Por qué está esa
gente en contra del aborto? Están siempre hablando de la inmor-
talidad del alma. Entonces, ¿por qué tener miedo al aborto?

El alma es inmortal, así que no hay pecado en el aborto. Lo
único que has hecho al abortar es evitar que el alma entre en este
cuerpo. El alma encontrará otro cuerpo, si no es en esta Tierra,
será en alguna otra, porque los científicos dicen que hay al menos
cincuenta mil planetas. Ese es el número mínimo de los que al-
bergan vida. Puede que haya más, pero cincuenta mil es casi seguro. Así que si no es en este planeta, será en algún otro... Y es bueno cambiar de gente, ¿qué hay de malo en ello? Si este planeta se
está poniendo demasiado lleno, llevar alguna gente a otros planetas... Eso es lo que hace el aborto. El alma dice: «¿Puedo entrar, señora?», y tú dices: «No, esto ya está demasiado lleno. Prueba en alguna otra puerta.»

Y hay otras posibilidades, así que no estás destruyendo nada.
Esa misma gente por un lado dice que la vida es inmortal, que el
alma es inmortal, y por el otro te asustan diciéndote que estás matando un alma, que estás matando una vida, hacen que te sientas
culpable...

Sólo hay dos posibilidades: o el alma es inmortal y entonces no
has matado nada; o el alma es mortal, y entonces tampoco has matado nada. Y estas son las dos únicas posibilidades. O crees en la in-
mortalidad del alma, y entonces no has matado nada porque no hay
nada que *se pueda* matar, o crees en la mortalidad del alma, y entonces no hay nada que matar; no hay alma realmente, sólo hay cuerpo.

FAMILIA Y CONTROL DE LA NATALIDAD

Y tenemos que decidir cuánta gente puede vivir gozosamente en este planeta. Pero hay también una estrategia oculta detrás de ello: a los sacerdotes, los papas y los demás, no les gustaría que el hombre viviera gozosamente, por la sencilla razón de que si la gente empieza a vivir con gozo, con alegría, con dicha, ¿a quién le va a importar su Paraíso y su cielo? La gente tiene que vivir totalmente desgraciada, sólo entonces puede predicar: «Mira, esta vida es un valle de lágrimas. Busca la otra vida, la vida del más allá. Esta vida es un infierno, así que no pierdas el tiempo viviéndola. Usa el tiempo encontrando otra vida, la vida divina.»

Les conviene que el mundo permanezca desdichado. Y psicológicamente se las han arreglado para mantenerte desdichado, psicológicamente están intentando mantenerte desdichado, y biológicamente, de todas las maneras posibles te están haciendo tan desdichado que tienes que acudir a ellos por consejo, tienes que considerarlos tus salvadores.

Mi visión es diferente.

Yo mantengo la idea de que esta vida, aquí y ahora, tiene capacidad para hacerse celestial. No es necesario anhelar ningún otro cielo, ningún otro paraíso. Podemos transformar esta vida en un fenómeno muy bello[4].


*¿Qué opinas del aborto?*


El aborto no es un pecado; en este mundo superpoblado es una virtud. Y si el aborto es pecado, entonces el Papa polaco, la madre Teresa y compañía son los responsables, porque están en contra de los anticonceptivos, están en contra de los métodos de control de la natalidad, están en contra de la píldora. Esa es la gente *causante* de todos los abortos, ellos son los responsables. ¡En mi opinión son grandes criminales!

¡En este mundo superpoblado, en el que hay gente hambrien-

---

[4] *Philosophia Ultima*, cap. 3.

ta muriéndose, estar en contra de la píldora es simplemente imperdonable!

La píldora es una de las contribuciones más significativas de la ciencia moderna a la humanidad, puede convertir la Tierra en un Paraíso.

Pero ciertamente en ese Paraíso no habrá huérfanos, y entonces ¿qué pasará con la madre Teresa y los misioneros de la caridad? Y en ese Paraíso ¿quién escuchará al Papa polaco? La gente será tan feliz, ¿a quién le va a importar esa gente? ¿Y quién pensará en un Paraíso después de la muerte? Si el Paraíso existe aquí y ahora, entonces no hay necesidad de inventar, proyectar, soñar, fantasear un Paraíso en el más allá.

Han fantaseado el Paraíso en el más allá porque hemos vivido en el infierno en esta Tierra.

Y este infierno les viene muy bien a los sacerdotes, a la gente que se llama religiosa, a los santos, a los papas, a todo tipo de *ayatolás* y *shankaracharyas*, a todos esos tipos de embaucadores. Todos ellos están en contra de la píldora. ¡Si tienen algo contra la píldora, entonces convertidla en polvo! ¡Si el problema es que sea una píldora, entonces trituradla! Encontrad alguna otra forma. Esa es la gente causante de los orfanatos, los abortos, y les viene muy bien. ¡Están haciendo un buen trabajo!

He oído algo sobre dos hermanos; solían tener un negocio. Su negocio era: uno de ellos entraba en un pueblo por la noche y ponía alquitrán en las ventanas y las puertas de la gente, y por la mañana se iba.

Por la mañana llegaba el otro hermano, gritando por las calles del pueblo: «¡Limpio el alquitrán! ¡Si alguien quiere que le limpien las ventanas, aquí estoy!» Y por supuesto, tenía mucho trabajo, ¡todo el pueblo le necesitaba! Para cuando terminaba, el otro hermano ya había destruido las puertas y ventanas de algún otro pueblo, y entonces llegaba este otro hermano. ¡Les iba muy bien y estaban ganando mucho dinero!

Esto es lo que está haciendo esa gente. Estás en contra de la píldora, estás en contra de los anticonceptivos, estás en contra de la esterilización, estás en contra de todas las técnicas de control de la natalidad, y así, naturalmente, habrá abortos, habrá huérfanos y mendigos. Entonces les puedes servir y ganar grandes virtudes, porque sin servicio nunca irás al cielo.

Esa pobre gente es necesaria como trampolín para que tú vayas al cielo.

A mí me gustaría destruir la pobreza, no quiero ayudar a los pobres. ¡Ya basta! Durante diez mil años los tontos han estado ayudando a los pobres; no ha servido de nada. Pero ahora tenemos la tecnología suficiente para destruir la pobreza por completo.

Así que si hay que perdonar a alguien es a esta gente. Es al Papa, a la madre Teresa, etcétera, a quienes hay que perdonar. Son criminales, pero su crimen es de una naturaleza tal que se necesita mucha inteligencia para comprenderlo[5].

*Me quedé muy sorprendido al oírte apoyar la producción de niños de probeta, diciendo que podrían ser genios, más bellos y más sanos que los seres humanos. Pero lo único que importa es la belleza de nuestro ser interno, ¿no? ¿O estabas bromeando?*

No. Me pongo serio en muy raras ocasiones, y cuando hice esa afirmación estaba muy serio. Lo digo en serio, porque el hombre que ha sido creado por la naturaleza ciega, por la biología ciega, no ha resultado ser un crecimiento real para la humanidad. Puedes verlo.

Charles Darwin dice que los monos se hicieron hombres. Pero desde entonces —eso debe haber sucedido hace un millón de años— durante este millón de años el hombre no ha creado nada mejor. Los monos fueron mucho más inteligentes; al menos ellos hicieron que naciera la humanidad. Los seres humanos parecen ser totalmente impotentes. Continúan creando réplicas exactas de sí mismos. Esto hay que pararlo.

---

[5] *Zen: Zest, Zip, Zap and Zing*, cap. 13.

He oído que sucedió en una oficina: llegaron órdenes de arriba de que la oficina estaba demasiado atestada de archivos viejos –de hace treinta, cincuenta años– y que había que destruirlos. ¡Pero asegurándose de que se guardaran copias de todo! Pero entonces, ¿para qué sirve? ¿Para qué destruir los originales?

Hasta ahora, el hombre se ha unido a la mujer accidentalmente. Por eso te sientes sorprendido –cualquiera se sentiría sorprendido, lo comprendo– al pensar que un bebé no debería tener el útero de la madre, el calor de la madre, el cuidado de la madre, el amor de la madre... Pero, ya sabes, hay muchas otras cosas también en la madre: sus quejas, su odio, sus celos, su estupidez. El bebé también cogerá todas esas cosas.

Y ya se puede ver, los especímenes andan sueltos por todo el mundo. Esto es lo que ha salido de vuestras relaciones: Adolf Hitler nació de una relación humana; él estuvo en el útero de una madre. José Stalin nació de la misma manera. Y también todos estos criminales: Alejandro Magno, Napoleón Bonaparte, Mussolini, Mao Zedong, Nadir Sha, Tamerlán, Gengis Kan; la historia está llena de estos monstruos. Ellos también salieron de mujeres amorosas.

Yo ya no confío en la biología ciega. Confío más en un ser humano consciente. Es mejor dar el nacimiento del niño a una probeta, en la que puedes elegir el mejor semen, el mejor óvulo de la mujer. Y no hay necesidad de preocuparse de que sean anónimos; de hecho, todos los hospitales deberían tener un banco. Tienen bancos de sangre; deberían tener bancos de semen y óvulos, y deberían asegurarse de que la mejor célula de semen y el mejor óvulo se junten de manera muy clínica, en una probeta.

No tendrán la herencia de vuestro feo pasado. Serán seres frescos, y podemos programar esos óvulos y esas células de semen para hacer posible más salud, más vida, más inteligencia.

En cada relación amorosa el hombre libera millones de células vivas. Sólo una de ellas llegará al óvulo femenino. Todas corren –es una gran carrera... millones de seres humanos, aunque sean muy pequeños y no los puedas ver con los ojos–, es una gran carrera, mayor que cualquier carrera que sucede en la Tierra. Proporcionalmente a su tamaño, la distancia entre el semen y el óvulo de la mujer es de tres kilómetros. Si fueran de tu tamaño, el recorrido sería de más de tres kilómetros. Un recorrido de más de tres kilómetros... y están luchando con fuerza para sobrevivir, porque no tienen mucho tiempo. Están siempre cerca de la tercera guerra mundial. Sólo pueden vivir dos horas, nada más. Y sólo una célula llega al óvulo, porque entonces éste se cierra. Sucede muy raramente que dos células lleguen simultáneamente; así nacen los gemelos.

Rabindranath Tagore, uno de los más grandes poetas de la India, era el decimotercer hijo de su padre. Los otros doce resultaron ser idiotas, nadie conoce ni siquiera sus nombres. Y es un camino ciego y oscuro. Si el padre de Rabindranath hubiese parado tras el número doce —que parece ser un buen momento para parar; una docena es suficiente, más que suficiente—, entonces os hubierais perdido uno de los seres más bellos de la Tierra: un gran poeta, un gran pintor y un gran ser humano... bello en todos los aspectos.

Pero en una probeta es tan fácil. Esos doce deberían haber sido descartados. Hemos elegido que Rabindranath sea el primer hijo, y quién sabe cuánto potencial más habría habido en él si hubiera conseguido el mejor óvulo femenino. Nadie lo sabe.

¿Sabes?, cuando el primer tren fue de Londres a una estación cercana, un viaje de menos de trece kilómetros, nadie estaba dispuesto a montarse en él... ni siquiera gratis. Servían comida gratis, pero nadie estaba dispuesto a entrar porque el cura había dicho por la mañana en la iglesia que Dios nunca había creado ningún ferrocarril: «¡No es natural, es peligroso, es inhumano! ¡No os montéis!»

¿Qué crees que habría pasado si la gente hubiera parado? No habría habido trenes, ni coches ni aviones, ni cohetes para llegar a la Luna.

¡Y tenemos que llegar a las estrellas! Necesitamos cuerpos más fuertes, necesitamos gente más inteligente, y necesitamos gente que esté limpia de todas esas tonterías pasadas. Esto sólo es posible si creamos un método clínico, médico, para el nacimiento del hombre.

Estoy absolutamente a favor de ello[6].


*Mi miedo acerca de tu visión del nacimiento de un nuevo hombre mediante probetas e ingeniería genética no tiene nada que ver con la tecnología en sí, sino con el miedo de quién podría controlar la tecnología. ¿Quién puede garantizar que este conocimiento será utilizado por seres humanos conscientes, y no por los políticos idiotas que convertirían nuestro nuevo mundo mejor en el 1984 de Orwell?*

¿Quién controla la tecnología hoy? ¿Quién controla todas vuestras armas nucleares? ¿Quién controla todos vuestros descubrimientos científicos? ¿Habéis levantado vuestra voz contra ello? ¿Habéis pensado siquiera que la vida entera en la Tierra está ahora en manos de políticos idiotas?

Y siempre ha sido así. Cualquier cosa que se descubre es capturada inmediatamente por los gobiernos, así que ¿por qué la pregunta se refiere sólo a la ingeniería genética? ¿No te da miedo que los políticos tengan armas nucleares que pueden destruirte setecientas veces? Aunque si te destruyen una vez, no será necesario que te destruyan de nuevo; como no eres el único hijo de Dios, no resucitarás; y no hay por aquí mesías que te devuelvan a la vida.

Pero tienes miedo —y puedo comprenderlo— de que si la ingeniería genética está en manos de los políticos, ciertamente no van a crear al hombre lleno de belleza, amor, silencio, inteligencia, encanto. Van a crear robots de acero, para que sean todos soldados que luchen, que maten. Ya lo sé. Por eso he propuesto que no debería haber naciones, que el mundo debería

---

[6] *The Last Testament*, vol. 1, cap. 3.

tener sólo un gobierno funcional. Hay que eliminar todas las fronteras, hay que quemar todos los pasaportes y las tarjetas de residencia. Que eres un ser humano es suficiente para entrar a cualquier país.

Por eso, recuerda todo el contexto de todo lo que digo; de otra forma me malinterpretarás. Quiero un solo mundo, para que no haya guerra y no sean necesarios los soldados. Quiero un gobierno mundial. Quiero que el presidente del gobierno mundial sólo sea presidente durante seis meses, para que no pueda hacer ningún daño. Y quiero que una persona sólo pueda ser elegida una vez. Estas son las precauciones.

La ingeniería genética, el nacimiento de niños en los laboratorios científicos, estará en manos de los científicos.

Hemos probado la religión y ha fracasado. Hemos probado la política y ha fracasado. Ahora tenemos que probar la ciencia. Dadle una oportunidad, porque en trescientos años ha creado más progreso que el hombre en toda su historia de millones de años.

Y os he propuesto que el mundo debería tener una única academia de las ciencias para que no haya científicos rusos, ni científicos estadounidenses, ni científicos hindúes, ni científicos cristianos, todo eso pertenece al pasado. Esa academia contará con todos los genios del mundo. Los demás esfuerzos han fracasado, habría que dar a la ciencia una segunda oportunidad. No hay ningún mal en ello. Como mucho, puede fracasar, la peor posibilidad es que la ciencia pueda fracasar, pero no creo que pueda fracasar.

Tenemos que preparar un nuevo tipo de hombre. De ese nuevo tipo de hombre —meditativo, silencioso, amoroso— irán saliendo científicos.

Tengo la visión entera del nuevo hombre: sin religiones, sin nacionalidades, sin gobiernos, sólo un gobierno funcional, y una poderosa academia mundial de científicos. Y la ciencia puede ser el factor decisivo.

No tengas miedo. Los científicos no son monstruos, los científicos son muy humanos. Y si la meditación continúa floreciendo y los *sannyasins* siguen creciendo, los científicos serán los primeros interesados en el viaje interior. Lo necesitan; de otra forma, sus vidas están desequilibradas. Sólo van hacia fuera, siempre hacia fuera. Necesitan ciertos métodos pora poder ir hacia dentro y mantener cierto equilibrio. Y un científico meditativo no puede concebir la creación de monstruos, de asesinos.

La ciencia ha sido una bendición para el hombre. Puede ser una bendición aún mayor si hay sólo un mundo[7].

---

[7] *From the False to the Truth*, cap. 31.

# Capítulo 10

# Creatividad

*¿Podrías hablar de la mujer creativa? Soy una mujer, y el espíritu creativo bulle en mí con fuerza. Sé que las mujeres pueden ofrecer al mundo del arte una visión, un entendimiento, una suavidad nunca antes vistos. Siento que el arte tiene una base diferente para empezar. Quizá es porque el arte puede nacer del amor y ya no necesita ser conquistado*

A LA creatividad no le atañe que seas hombre o mujer. Si te sientes creativa, bien. Pero no creas que vas a aportar algo más elevado a la creatividad, algo que el hombre no ha podido hacer.

¿Por qué seguir poniendo líneas divisorias entre el hombre y la mujer? La verdad es que todo hombre lleva una mujer dentro de sí, y que toda mujer lleva un hombre dentro de sí. Y tiene que ser así, porque seas hombre o mujer, estás creado por un hombre y una mujer. Ambos han contribuido a tu creación mitad y mitad. Tanto tu padre como tu madre están vivos en ti. Es sólo una cuestión de qué lado de la moneda está hacia arriba y cuál está debajo.

Desde luego, el arte será mejor si tanto los hombres como las mujeres crean desde sus diferentes ángulos. Pero de la forma que tú lo dices, no comprendes la creatividad en absoluto. Dices que la creatividad puede surgir del amor; que la pintura, la escultura y la danza no necesitan ser conquistadas. Pero hay un 99 por 100 de posibilidades de que el amor te satisfaga tan plenamente que no te molestes por pintar. No te molestarás en gastar tu tiempo haciendo una estatua.

El amor satisface tan plenamente que ¿a quién le importa escribir poesía? La poesía la escribe la gente que ha perdido el tren. Ahora se consuelan de alguna forma escribiendo poemas sobre el amor, el amor que no conocen.

Es muy difícil ser creativo por amor. Sí, habrá un tipo diferente de creatividad. Si amas a un hombre, quizá tu cocina se convierta en el campo de tu creatividad. Te gustaría que tu hombre tuviera la mejor comida. Te gustaría que tu hombre tuviera la mejor ropa. ¡Mira mi ropa! Esta es la creatividad que surge del amor.

Raramente es posible que una mujer que ama se preocupe por la pintura, la poesía, la danza, etcétera. Es realmente el complejo de inferioridad del hombre –que no puede amar tan profundamente, que no puede dar a luz a un niño– lo que le hace encontrar sustitutos para competir con la mujer. Crea pinturas, crea esculturas, crea arquitectura, crea el diseño de un jardín. Quiere sentir que también él puede crear. Básicamente, esto sale de su complejo de inferioridad. Ve a la mujer y su inmenso poder para crear vida. Él crea una estatua muerta, no importa lo bella que sea, está muerta.

Quien haya hecho esta pregunta parece estar en contra de los hombres, y cualquier mujer que esté en contra de los hombres está dejando de ser natural ella misma. Al estar en contra de los hombres, se está convirtiendo ella misma en un hombre. Ahora ella se está sintiendo psicológicamente inferior porque el hombre puede pintar y crear música y danza. Naturalmente, tendrá que dejar de tener hijos para que su propia creatividad pueda dirigirse hacia estas cosas: la pintura, la poesía, la música.

Pero me gustaría decirte que así fracasarás. Estás compitiendo con el hombre, y no necesitas competir: ya eres superior. No necesitas escribir poesía, tú *eres* poesía. Tu amor es tu música. ¡Tu corazón latiendo con tu amante es tu danza!

Pero si quieres crear poesía, música y danza, tendrás que privarte del amor. Tendrás que estar en el mismo espacio que el hombre: sintiéndote inferior y encontrando sustitutos para la creatividad. Eso es feo. No puedo apoyarlo. La mujer es el sexo superior; no necesita probarlo...

Pero si no sientes deseos de tener hijos, y quieres pintar y quieres componer música, está perfectamente bien.

De hecho, muchas mujeres deberían hacer eso, porque la Tierra está tan superpoblada. Puedes ayudar muchísimo si desvías tu creatividad de los niños a las pinturas, porque las pinturas no necesitan comida. La danza está perfectamente bien. Baila todo lo que quieras, eso no crea ninguna Etiopía. Escribe poesía. Porque quizá algunas pocas personas tengan que sufrir escuchando tus poemas, aburriéndose con ellos, pero eso no es un gran problema. Se las pueden arreglar para esquivarte.

Pero si no tienes deseos de tener niños, está perfectamente bien. Por supuesto, tendrás que crear otra cosa. Hazlo, pero no pienses que tu creatividad será más elevada que la de un hombre. No puede serlo, por la sencilla razón de que tú eres el sexo superior, no tienes en ti esa inferioridad que es el incentivo para que el hombre ponga toda su vida en su pintura.

¡Está compitiendo con tu bebé! E incluso si es un Picasso, muere desesperado. Toda su vida ha intentado pintar algo, pero ninguna pintura puede estar viva, ningún poema puede estar vivo. Así que recuerda que una mujer puede crear, pero lo más probable es que su creatividad sea sólo de tercera categoría. Pero es buena para el mundo. Ya no queremos más población, queremos reducir la población a un cuarto de lo que es hoy. De forma que estarás contribuyendo a un gran proyecto. Serás una bendición al no dar a luz a un niño.

Pero abandona esa idea de que estarás creando algo superior por amor. Si realmente quieres crear algo, no pienses en el amor tampoco, porque el amor satisface de una manera tan completa. Es un milagro tal que ¿quién quiere escribir poesía?

No he encontrado nunca a un solo amante, hombre o mujer, que haya creado poesía, que haya creado pinturas, que haya creado esculturas, por la sencilla razón de que están tan satisfechos. Todas esas cosas creativas necesitan una insatisfacción, una herida que tienes que tapar.

Estoy perfectamente contento con tu idea. Realiza cualquier actividad creativa que quieras; pero recuerda, no tienes el complejo de inferioridad del hombre, así que no puedes competir con el hombre de ninguna forma. Ya estás es una posición mejor. El hombre es pobre; ten compasión del pobre hombre [1].

*El otro día dijiste que las mujeres crean niños, y los hombres crean las artes y otras cosas materiales. ¿Es antinatural o neurótico que la mujer no desee tener un hijo y prefiera ser artista? Yo nunca he querido tener un hijo. La danza, la música, la poesía, el teatro y la pintura eran mi pasión y expresión. ¿Podrías hacer algún comentario?*

No hay nada antinatural en ello. Si no quieres tener un hijo, tienes derecho a no tenerlo. Si quieres poner tu creatividad en la pintura, en el arte, en la música, eso está perfectamente bien, mucho mejor que crear un niño que está destinado a ser una carga en la Tierra. ¿Y quién sabe qué tipo de niño saldrá de ti?...

Una pintura es inofensiva. La música es bella, la danza servirá. No, eso no tiene nada de antinatural. Los hombres han dicho una y otra vez que tener hijos es el deber natural de las mujeres. Así es como han conseguido mantener a la mujer en la esclavitud, porque si una mujer continúa dando a luz a niños, ¿qué tiempo le queda para pintar? ¿Qué tiempo le queda para crear música, poesía, teatro?

Así que, por un lado, han estado forzando a la mujer a permanecer embarazada continuamente. Hace sólo cien años, cualquier mujer, por todo el mundo, estaba embarazada continuamente. Un hijo toma nueve meses de su vida, luego tiene que criarlo. Y cuando el niño no tiene todavía ni seis meses, ella ya está embarazada de nuevo. Es como fumar un cigarrillo tras otro. E incluso un solo niño es un agobio tal...

---

[1] *From Death to Deathlessness*, cap. 1.

Estoy de acuerdo contigo. Me han preguntado muchas veces: «¿No te gustaría tener un hijo?» Yo dije: «¿Yo? Acabaría matando al niño o suicidándome; ¡no podríamos coexistir! ¿Un niño en mi habitación? ¡Imposible!» Tan sólo para estar alerta, nunca me he casado, porque ¿quién sabe?, puede que la mujer con quien me case quisiera un niño. Entonces surgirían dificultades.

No hay problema, a no ser que sientas que lo hay. No escuches a nadie lo que diga, que es antinatural. Puede que sea antinatural para ellos, así que pueden dar a luz a tantos niños como quieran. Si te sientes bien pintando, escribiendo poesía, componiendo música, estás dando hijos mejores al mundo, hijos que son inofensivos, que harán gozar a muchas personas [2].

*¿Es verdad que consideras pecaminoso el sexo encaminado a la reproducción? He leído también tus palabras diciendo que el mayor acto creativo de una mujer es producir un niño, y que existe una gran diferencia entre una madre y una mujer. Si esto es así, ¿hay entonces pecado en participar en el sexo y en el amor con la esperanza de crear un niño y sentir la alegría de la creación y la energía renovadora del Universo?*

Sí, hasta ahora el mayor acto creativo de una mujer ha sido dar a luz a un niño, pero ya no va a ser así. La Tierra no estaba tan poblada en el pasado; era una necesidad, una gran necesidad, y la mujer la satisfizo. Pero ahora ella tiene que crecer a nuevas dimensiones de la creatividad, y sólo entonces será capaz de ser igual que el hombre. De otra forma, en el pasado ha sido tan sólo una fábrica y el hombre la ha utilizado para crear más niños. Tener más niños era beneficioso económicamente, era un negocio, porque te ayudaban de todas las maneras posibles; en el pasado no eran una carga.

---

[2] *From the False to the Truth*, cap. 34.

En los países pobres aún perdura la idea de que cuantos más hijos tengas mejor te irá económicamente. En el pasado eso era verdad, hoy día es absolutamente falso. (Mahoma se casó con nueve mujeres y permitió que los musulmanes se casaran con cuatro mujeres simplemente para crear más musulmanes, porque había una guerra continua entre los musulmanes y los no musulmanes y era una cuestión de poder, la política de los números.) De forma que era importante económica y políticamente que los hombres se casaran con más mujeres, y la gente robaba mujeres de las demás tribus. Era más importante robar una mujer que un hombre, porque el hombre no es tan reproductivo; un hombre es suficiente para servir a muchas mujeres y un hombre puede producir muchos niños.

Pero ahora todo ha cambiado, el mundo está superpoblado. Ahora lo que se necesita es desviar la creatividad de las mujeres a nuevas dimensiones: a la poesía, a la literatura, a la pintura, a la música, a la arquitectura, a la escultura, a la danza. Ahora habría que permitir a la mujer acceso a toda la gama de la creatividad.

Crear un niño ahora es peligroso. Superpoblar la Tierra ahora es suicida; ya somos más de los necesarios.

Dar a luz a niños ahora no es creativo, ¡es destructivo! Todo el contexto ha cambiado y tenemos que aprender nuevas maneras de vivir en un nuevo contexto. Y la mujer no podía crear gran poesía, gran música, gran arte, gran literatura; no podía ser científica, mística, no podía hacer nada, porque en el pasado estaba continuamente embarazada. Estaba mal nutrida, torturada por tantos hijos, docenas de hijos, siempre embarazada, enferma. Aún no había vivido totalmente, no tenía el tiempo suficiente para vivir.

Por vez primera, gracias a los anticonceptivos y los métodos de control de la natalidad y la esterilización, es posible que la mujer pueda liberarse de quedarse embarazada y de cargar innecesariamente con el gran peso de dar a luz a niños y luego criarlos.

Las energías de la mujer se pueden liberar. Ahora también ella puede llegar a ser un Buda, un Zaratustra, un Jesús, un Krisna. Ahora también ella puede crear como Mozart, Wagner, Leonardo da Vinci, Miguel Ángel, Shakespeare, Kalidas, Rabindranath, Tolstói, Chéjov, Gorki, Dostoievski.

Y mi impresión es: una vez que las energías de la mujer se liberen completamente de dar a luz a niños, ella será capaz de crear budas más grandes. ¿Por qué? Porque ella es una fuerza muchísimo más creativa que el hombre.

Pero su creatividad ha permanecido confinada a dar a luz a niños, y eso no es una gran creatividad, es sólo biológica. Los animales lo están haciendo perfectamente bien, así que ¿qué tiene de grande? Dar a luz a un niño no es algo consciente, deliberado, meditativo. Simplemente estás siendo utilizada por la naturaleza, por la biología, como medio para propagar las razas, las especies.

Por eso hay un cierto fondo de culpabilidad en todos, incluso sin los sacerdotes. Los sacerdotes la han utilizado, la han explotado, pero no la han creado realmente. Hay una culpabilidad subyacente respecto al sexo; los sacerdotes la han aumentado muchísimo porque se convirtió en una gran fuente de explotación para ellos. Podían dominar al hombre con mucho más poder haciendo que se sintiera culpable.

Pero debe haber una causa dentro del hombre mismo; de otra forma, sin ningún fondo dentro de sí no se le puede imponer la culpabilidad desde fuera. El hombre la siente en lo profundo de sí: de manera sutil, de manera inconsciente sabe que el sexo no es algo consciente, es inconsciente; que es mecánico; que estás siendo utilizado como medio; que no tienes las riendas. Que es una fuerza biológica, que no eres *tú* realmente quien desea a una mujer o a un hombre, son sólo las hormonas.

Y cuando sabes que estás siendo utilizado y te sientes incapaz de librarte de esta esclavitud, surge una culpabilidad, que no eres suficientemente hombre, que no tienes realmente las riendas, que eres un esclavo. El sexo es un acto animal.

Eso es lo que quiero decir cuando afirmo que el sexo encaminado a la reproducción es pecaminoso. La palabra «pecado» no la uso en ningún sentido moralista. Digo simplemente que es pecaminoso porque es inconsciente, no meditativo. Tú no estás *haciéndolo,* estás siendo forzado a hacerlo por ciertas fuerzas inconscientes. Eso es lo que quería decir cuando afirmé que el sexo encaminado a la reproducción es pecaminoso.

Ahora la Tierra ya no necesita más gente. Si lo que queremos es hacer un infierno de esta Tierra, entonces está bien, entonces seguid reproduciéndoos. Entonces escuchad al Papa y a la madre Teresa... Entonces escuchad a todos esos estúpidos que os dicen que evitéis los anticonceptivos, que evitéis el control de la natalidad, que evitéis la esterilización, porque son actos irreligiosos; que evitéis el aborto porque es muy inmoral.

Pero si evitas el aborto, si evitas los anticonceptivos, si evitas la esterilización, serás responsable del suicidio global y eso será realmente violento, y nos estamos acercando más a ello cada día. Esta es la primera razón por la que digo que el sexo para la reproducción es pecaminoso.

Pero el Papa, Mahatma Gandhi y los demás a los que llaman santos dicen que el sexo sólo es moral si lo haces por razones reproductivas. En realidad, lo que están diciendo es que el sexo sólo es bueno si es animal, porque los animales entran en el sexo *sólo* por razones reproductivas.

Para mí, practicar el sexo por razones reproductivas es pecaminoso porque es animal, es inconsciente, es biológico.

Practicar el sexo por el puro gozo de compartir tu energía con cualquiera con quien tienes intimidad... es una manera de comunión energía a energía, corazón a corazón. Es disolverse y fundirse uno en otro... sin ningún otro motivo.

Si hay un motivo –que quieres crear un niño– entonces es un negocio. Si no hay motivo, si es una diversión sin propósito, sólo entonces tiene belleza, y entonces no crea ninguna atadura. Y te estás liberando de la biología, te estás elevando sobre la biología, te estás elevando sobre los animales, estás alcanzando las cimas de la humanidad.

Así que, para mí, el sexo es bello sólo cuando no tiene propósito, cuando es sólo como un juego, cuando no lo haces con algún otro fin, cuando estar en comunión con una mujer o con un hombre por el puro gozo de estarlo es suficiente.

Entonces has trascendido la vida animal inferior y has entrado en una dimensión más elevada. Y recuerda: reproducción no es creación.

Cuando la mujer esté liberada de la carga innecesaria de la reproducción, podrá crear con más fuerza que ningún hombre, porque si puede dar a luz a un niño, ¿por qué no va a poder·dar a luz música hermosa? Pero no ha sido posible hasta ahora, y el hombre ha estado tratando de racionalizar...

Cuando las energías de la mujer se liberen, podrá ser creativa. Pero creo que el hombre tiene miedo de la creatividad de la mujer. Ella puede superar ciertamente la creatividad del hombre; ella está naturalmente más dotada de creatividad.

Estoy totalmente a favor de la creatividad, pero recuerda, reproducción no es creatividad; no son sinónimos. La creatividad es algo consciente, la reproducción es inconsciente. La creatividad es meditativa, la reproducción no tiene absolutamente nada que ver con la meditación.

Pero el hombre ha estado utilizando a la mujer casi como al ganado. Ha estado utilizando a la mujer para criar a *sus* niños; ha estado utilizando a la mujer como si fuera una granja. Ese es exactamente el significado de la palabra «marido»: marido significa «el granjero». Agricultura significa maridaje[3]: la esposa es el campo y el marido el granjero, y la única función de la esposa es dar una buena cosecha cada año.

La mujer nunca puede liberarse a no ser que se comprenda esto: que tiene que abandonar esta pauta del pasado. Y el hombre le ha estado diciendo: «¡Eres magnífica porque das a luz a los niños!» Esto es una racionalización, esto es una consolación. Cuidado con esos trucos. El hombre ha explotado a la mujer de todas las maneras posibles, y ya es hora de acabar con esta explotación[4].

---

[3] Esto es particularmente cierto en inglés: una de las acepciones de *husband* (marido) es ciertamente *farmer* (granjero), y *agriculture* es sinónimo de *husbandry*. *(N. del T.)*

[4] *Philosophia Ultima*, cap.16.

## ¿Cuál será el impacto en las mujeres liberadas de su biología?

Es una gran oportunidad que se está volviendo asequible a las mujeres, ahora que están liberadas de la esclavitud biológica. Por supuesto, el hombre siempre las ha alabado por su gran creatividad al tener niños. Pero ¿qué tipo de niños habéis producido? Mirad por todo el mundo: estos son vuestros niños, ¡qué creatividad! Todos los animales lo están haciendo, quizá mejor que vosotros.

Sí, el hombre ha venido elogiando mucho a la mujer por ello: «Eres una gran creadora porque das a luz a un niño.» En realidad, era un truco muy astuto del hombre; quería decir que la mujer debía seguir creando niños. Y en los países pobres aún está sucediendo, tener una docena de hijos no es extraño. Algunas mujeres tienen más de una docena...

Pero todas las religiones del mundo están en contra de los métodos de control de la natalidad, de la píldora. Están en contra del aborto. Esto significa que la mujer sigue siendo esclava biológicamente, y sus energías continúan creando sólo gente mediocre, multitudes para servir en los ejércitos, las marinas, las fuerzas aéreas, para matar o que los maten; como mucho, para ser oficinistas, enfermeras, conserjes. ¿Qué queréis decir al hablar de creatividad? Habéis creado un conserje. ¿Estáis orgullosos? ¿Cuánto orgullo puede daros? Todos los padres deberían sentirse avergonzados. Estáis creando como los animales.

Hoy día la ciencia os ha dado una oportunidad para salir de la esclavitud de la biología, una gran libertad para que, por vez primera, el sexo no sea un método biológico de reproducción; para que sea puro juego, gozo.

Me preguntas que si las energías de las mujeres no se vierten en crear niños, ¿qué sucederá con esas energías? Hay miles de maneras de hacer más bello este mundo. Cualquier cosa que hace más bello el mundo es creativa. Diseña el jardín que rodea tu casa, injerta plantas, crea flores nuevas que nunca han existido. Y, por supuesto, ellas darán nuevas fragancias que la Tierra nunca antes ha sentido.

Compite con los hombres en todos los campos. Pruébale que

eres su igual, no con el movimiento de liberación de la mujer. Prueba con tus actos que eres su igual, quizá superior... El movimiento de liberación de la mujer ha creado odio contra los hombres, y eso no te va a dar la igualdad. La igualdad hay que ganarla, hay que merecerla.

Como la píldora te ha liberado de la esclavitud de la biología, ahora eres libre para usar tu energía. Y una mujer tiene un cuerpo más delicado, un cuerpo más flexible. Puede llegar a bailar mejor que ningún hombre. El hombre, por mucho que se entrene, es rígido. No es culpa suya, su fisiología es rígida. Las mujeres pueden llegar a ser las que mejor bailen.

La mujer tiene una gran imaginación, pero su imaginación ha permanecido confinada en la casa. El motivo eran los niños, los niños la han mantenido en casa, durante millones de años, y así se ha vuelto casi su segunda naturaleza. De otra forma, no veo que haya ninguna necesidad natural de que la mujer confine su imaginación dentro de los muros de su casa.

Las estrellas le pertenecen tanto como a cualquier hombre. El amanecer y la puesta de sol también le pertenecen a ella. Tiene que abrir sus alas, su conciencia. Tiene que ampliar su visión, su imaginación, sus sueños, más allá de los niños. Ahora mismo, la mujer continúa pensando en el niño: «Debería ser médico, debería ser ingeniero, debería ser esto y aquello.»

Ahora la mujer tiene que ser ella misma lo que solía proyectar a través del niño. Hazte médica, hazte ingeniera, hazte piloto. Lo que imaginabas a través del niño... ¿Por qué no enfrentarte directamente a la realidad y ser tú misma lo que querías que fuera tu hijo? No veo que exista ningún problema.

Las mujeres son superiores a los hombres en muchos aspectos, y su superioridad se puede usar en nuevas dimensiones de creatividad...

Lo que ha creado el hombre no es nada si la mujer se adentra en ese terreno con su capacidad de estar centrada, con su redondez, con su contento, con su amor. Así que entra en cualquier dirección que te parezca satisfactoria.

El día que las mujeres empiecen a crear todas las cosas que los hombres han venido creando hasta ahora... Os digo que no es necesario pedir la igualdad, porque las mujeres son el sexo superior, naturalmente, porque la naturaleza ha hecho a la mujer para crear niños.

Y ahora, como la biología ya no tiene poder sobre las mujeres, no gastes tu energía en ser lesbiana. Este es el momento para que seáis creativas en todos los campos, y seréis capaces de tener vuestros Picasso, vuestros Mozart, vuestros Van Gogh, vuestros Shakespeare. No hay ninguna razón para que no sea así. Quizá un poco mejor, un poco más suave, y vuestra escultura va a estar ciertamente más viva.

Sólo hay una cosa en la que no seréis iguales a los hombres –y por favor, recordad, no tratéis de ser iguales en ese área–, y es en los músculos. Dejad que los hombres sean superiores en lo referente a la musculatura, porque si las mujeres empiezan a ir a los gimnasios y a desarrollar cuerpos musculosos, ese será el peor día de la historia de la humanidad.

Con sólo cerrar los ojos... ¡si veo miles de mujeres musculosas sentadas aquí no voy a volver a venir![5]

Si las mujeres son las líderes en la política, las líderes en la ciencia, las líderes en la poesía, la pintura, traerán una perspectiva totalmente nueva a todo. Las mujeres deberían ser profesoras, educadoras, deberían estar en todas partes.

Son la mitad del mundo, les pertenece la mitad del mundo. Y mi experiencia es que son tremendamente capaces, dignas de confianza. Puedes fiarte más de ellas porque no se relacionan contigo desde la cabeza, sino desde el corazón[6].

Quizá esta sea una de las causas por las que las mujeres nunca han sido creativas: no podían vivir solas en esta sociedad absoluta-

---

[5] *From Death to Deathlessness*, cap. 4.
[6] *The Last Testament*, vol. 1, cap. 19.

mente hecha por el hombre. Una mujer que vive sola está continuamente en peligro. Sólo recientemente unas cuantas mujeres empezaron a tener una carrera, como novelistas, como poetas, como pintoras. Esto se debe a que, por vez primera, en estos últimos años –pero sólo en unos pocos lugares avanzados, progresivos, vanguardistas– una mujer puede vivir independientemente, igual que un hombre. Entonces las mujeres empiezan a pintar, empiezan a componer poesía, música...

Las mujeres tienen todo tipo de talentos, pero durante millones de años su sexo era su única creatividad, y cuando toda la energía sexual se dirigía a tener niños... No es posible imaginar una mujer teniendo una docena de hijos y componiendo música, ¿o tú sí puedes? ¿Esos doce instrumentos musicales siempre alrededor haciendo todo lo que no deben... y la mujer puede componer música o poesía o puede pintar? ¿Crees que esos doce pintores se quedarán sentados en silencio? ¡Ellos serán los que pinten antes que ella![7]

*Me parece que las mujeres han ocultado sus dones*
*para proteger el orgullo del hombre. ¿Es así?*

Esta ha sido una de las mayores calamidades de la historia humana: como nunca se ha apreciado a las mujeres por su talento, poco a poco ellas han retardado su talento. Porque se apreciaba más a una retrasada mental, se apreciaba más a una tonta. Sólo tenía que tener un cuerpo bello y proporcionado, y no tener mente, eso es todo. Podía ser como una vaca, sin inteligencia, sin conciencia penetrante. Eso era lo que se esperaba de ella; si no, el hombre se sentía avergonzado, herido.

De forma que las mujeres han aprendido un truco a lo largo de los tiempos, que las reglas del juego son que la mujer no debe mostrar su talento. Si es inteligente, debe simular que es estúpida. Si es creativa, no debe hacer nada. Debe confinar su creatividad a las

---

[7] *From Ignorance to Innocence*, cap. 6.

pequeñas cosas de la casa, la sala de estar y la cocina y cosas así. No debe hacer nada que hiera el ego del hombre: no debe escribir poesía, no debe ser pintora, no debe esculpir; si no, el hombre se siente inferior.

El ego masculino no permite que la mujer tenga ni voz ni voto... y ella tiene algunas cualidades que no tiene el hombre y que no puede tener en esa proporción. Todo lo intuitivo es más asequible a las mujeres que a los hombres; todo lo intelectual es más asequible a los hombres que a las mujeres. El hombre aprecia el intelecto, naturalmente. Él tiene intelecto, luego lo aprecia, y condena la intuición, la llama fe ciega, tontería, estupidez, superstición. La condena porque no la tiene.

En la Edad Media las mujeres a las que llamaban brujas y eran quemadas eran en realidad mujeres muy perceptivas. Los tribunales masculinos no podían tolerarlas, los curas no podían tolerarlas. La Iglesia entera ha permanecido orientada hacia el hombre, toda la comunidad cristiana es masculina. No hay ni una sola mujer en la Trinidad; toda la jerarquía es masculina.

No estaban realmente en contra de la brujería, estaban en contra de la mujer. Un día u otro, cuando la historia se escriba correctamente, se mostrará que no fue un movimiento contra la brujería. La brujería no tiene nada que ver con ello; era el hombre contra la mujer. Era la inteligencia contra la intuición; era la razón contra algo que es irracional, pero muy poderoso.

Aquellas brujas fueron quemadas, matadas, asesinadas, torturadas, y, por miedo, la mujer se ocultó del mundo y se recogió en sí misma. ¡Se asustó! Si mostraba cualquier tipo de talento pensaban que era una bruja. Si el hombre mostraba el mismo tipo de talento, le hacían santo. Lo adoraban como hombre milagroso, y la mujer se volvía una bruja. Ella estaba en manos del diablo, y el hombre era una persona elegida por Dios mismo... ¡y se trataba de la misma cualidad![8]

---

[8] *Far Beyond the Stars*, cap. 4.

# Capítulo 11

# El cuerpo

*¿Cómo encontrar el bienestar?*

L O PRIMERO es el cuerpo. El cuerpo es tu base, tu suelo, es donde te asientas. Hacer que te vuelvas enemigo del cuerpo es destruirte, es volverte esquizofrénico, es hacerte desdichado, es crear el infierno. Eres el cuerpo. Por supuesto, eres más que el cuerpo, pero ese «más» vendrá después. Primero eres el cuerpo.

El cuerpo es tu verdad básica, así que nunca estés en contra del cuerpo. Cuando estás contra el cuerpo, estás contra Dios. Cuando eres irrespetuoso con el cuerpo, estás perdiendo el contacto con la realidad, porque tu cuerpo es tu contacto. Tu cuerpo es tu puente. Tu cuerpo es tu templo.

El tantra enseña a reverenciar el cuerpo, a amar y respetar el cuerpo, a tener gratitud por el cuerpo. El cuerpo es maravilloso. Es el mayor de los misterios.

Pero te han enseñado a estar contra el cuerpo. Así que a veces te quedas muy perplejo ante un árbol, ante un árbol verde, a veces te quedas perplejo ante la Luna y el Sol, a veces te quedas perplejo ante una flor, pero nunca te quedas perplejo ante tu propio cuerpo. Y tu cuerpo es el fenómeno más complejo de la existencia. Ninguna flor, ningún árbol tiene un cuerpo tan bello como tú. Ninguna Luna, ningún Sol, ninguna estrella tiene un mecanismo tan evolucionado como el tuyo.

Pero te han enseñado a apreciar la flor, que es una cosa simple. Te han enseñado a apreciar un árbol, que es una cosa simple. Te han enseñado a apreciar las piedras, las rocas, las montañas, los ríos, pero nunca te han enseñado a respetar tu propio cuerpo, nunca a asombrarte ante él. Sí, está muy cerca, y es muy fácil olvidarse de él. Es muy obvio, así que es fácil descuidarlo. Pero es el fenómeno más bello.

Si miras una flor, la gente dirá: «¡Qué sentido estético!» Y si miras el rostro de una mujer guapa o de un hombre guapo, la gente dirá: «Eso es lujuria.» Si te acercas a un árbol y te quedas ahí, y miras aturdido la flor –con los ojos muy abiertos, con los sentidos completamente abiertos para permitir que la belleza de la flor entre en ti–, la gente pensará que eres poeta, o pintor, o místico. Pero si te acercas a una mujer o a un hombre y te quedas ahí con gran reverencia y respeto, y miras a la mujer con los ojos muy abiertos y los sentidos bebiendo la belleza de la mujer, la policía te detendrá. Nadie dirá que eres un místico, un poeta, nadie apreciará lo que estás haciendo. Algo ha ido mal.

Si te acercas a un extraño en la calle y le dices: «¡Qué ojos más bonitos tienes!», te sentirás avergonzado, él se sentirá avergonzado. No será capaz de decirte «gracias». De hecho, se sentirá ofendido. Se sentirá ofendido, porque ¿quién eres tú para meterte en su vida privada? ¿Cómo te atreves? Si vas y tocas al árbol, el árbol se siente feliz. Pero si vas y tocas a un hombre, se sentirá ofendido. ¿Qué es lo que ha ido mal? Algo ha sido dañado tremenda y muy profundamente.

El tantra te enseña a recuperar el respeto al cuerpo, el amor al cuerpo. El tantra te enseña a considerar el cuerpo como la creación más grande de Dios. El tantra es la religión del cuerpo. Por supuesto, se eleva más, pero nunca deja el cuerpo; se asienta en él. Es la única religión que está realmente asentada en la Tierra; tiene raíces. Otras religiones son árboles desarraigados, muertos, apagados, moribundos; no corre el jugo por ellos. El tantra es realmente jugoso, lleno de vida.

El tantra confía en tu cuerpo. El tantra confía en tus sentidos. El tantra confía en tu energía. El tantra confía en ti, en tu totalidad. El tantra no niega nada, sino que lo transforma todo.

¿Cómo llegar a esta visión tántrica? Este es el mapa para llevarte a la acción, y para llevarte dentro de ti, y para llevarte más allá.

Lo primero que hay que aprender es a respetar el cuerpo, a olvidar todas las tonterías que te han enseñado sobre el cuerpo. De otra forma nunca entrarás en la acción, y nunca entrarás en ti, y nunca entrarás más allá. Empieza por el principio. El cuerpo es tu principio.

Hay que purificar el cuerpo de muchas represiones. Es necesaria una gran catarsis para el cuerpo. El cuerpo se ha envenenado porque has estado contra él; lo has reprimido de muchas formas. Tu cuerpo está existiendo al mínimo nivel, por eso eres tan desdichado. El tantra dice que la dicha sólo es posible cuando existes al máximo nivel, nunca antes. La dicha sólo es posible cuando vives intensamente. ¿Cómo vas a vivir intensamente si estás en contra del cuerpo?

Estás siempre tibio. El fuego se ha enfriado. A lo largo de los siglos han destruido el fuego. Hay que reavivar el fuego. El tantra dice: primero purifica el cuerpo, purifícalo de todas las represiones. Deja que fluya la energía del cuerpo, elimina todo lo que lo bloquea.

Es muy difícil encontrar una persona que no tenga la energía bloqueada, es muy difícil encontrar una persona cuyo cuerpo no esté tenso. Afloja esa tensión, esa tensión está bloqueando tu energía. No puede fluir con esa tensión.

¿Por qué todo el mundo está tan tenso? ¿Por qué no puedes relajarte? ¿Has visto un gato durmiendo, echando una siesta por la tarde? Qué sencillamente y con cuánta belleza se relaja el gato. ¿No te puedes relajar de la misma manera? Das vueltas y más vueltas en la cama, no puedes relajarte. Y la belleza de la relajación del gato es que se relaja completamente y, sin embargo, está perfectamente alerta. Cualquier ligero movimiento en la habitación, y abrirá los ojos, saltará y estará listo. No es que simplemente duerma. La manera de dormir del gato es algo que se debe aprender, el hombre lo ha olvidado.

El tantra dice: aprende de los gatos, cómo duermen, cómo se relajan, cómo viven sin tensiones. Y todo el mundo animal vive de esa manera, sin tensiones. El hombre tiene que aprenderlo, porque el hombre ha sido condicionado erróneamente. El hombre ha sido programado erróneamente.

Desde la misma infancia te han programado para estar tenso. No respiras, por miedo. Por miedo a la sexualidad la gente no respira, porque cuando respiras profundamente, tu respiración va exactamente al centro sexual y lo activa, lo masajea desde dentro, lo excita. Como te han enseñado que el sexo es peligroso, todo niño empieza a respirar de manera superficial, colgado sólo en el pecho. Nunca va más allá del pecho, porque si va más allá, de pronto hay excitación: se excita la sexualidad y surge el miedo. En cuanto respiras profundamente, se libera energía sexual.

La energía sexual *tiene* que ser liberada. Tiene que fluir por todo tu ser. Entonces tu cuerpo se volverá orgásmico. Pero te da miedo respirar, tanto miedo que casi la mitad de tus pulmones está llena de dióxido de carbono... Hay seis mil hendiduras en los pulmones y normalmente tres mil de ellas nunca se limpian; permanecen siempre llenas de dióxido de carbono. Por eso estás tan apagado, por eso no pareces alerta, por eso es difícil la conciencia. No es por accidente que tanto el yoga como el tantra enseñan a respirar profundamente, *pranayama,* para descargar a tus pulmones del dióxido de carbono. El dióxido de carbono no es para ti, hay que eliminarlo continuamente. Tienes que respirar aire nuevo, fresco, tienes que respirar más oxígeno. El oxígeno creará tu fuego interno, el oxígeno te pondrá en llamas. Pero el oxígeno inflamará también tu sexualidad. Así que sólo el tantra puede permitirte la respiración realmente profunda; ni siquiera el yoga te puede permitir la respiración realmente profunda...

Sólo el tantra te permite el ser total y el flujo total. El tantra te da una libertad incondicional, no importa quién seas ni qué puedas ser. El tantra no te pone límites; no te define, simplemente te da una libertad total. El razonamiento es que cuando eres totalmente libre, las posibilidades son enormes.

Esto es lo que he observado: que la gente sexualmente reprimida pierde su inteligencia. Sólo las personas muy, muy vivas sexualmente son inteligentes. Así que la idea de que el sexo es pecado debe haber dañado la inteligencia, debe de haberla dañado muchísimo. Cuando realmente estés fluyendo, y tu sexualidad no tenga ninguna lucha ni conflicto contigo, cuando cooperes con ella, tu mente funcionará a su nivel óptimo. Serás inteligente, estarás alerta, vivo.

Hay que hacerse amigo del cuerpo, dice el tantra.

¿Tocas tu cuerpo alguna vez? ¿Sientes tu cuerpo alguna vez, o es como si estuvieras encerrado en algo muerto? Eso es lo que está sucediendo. La gente está casi paralizada; llevan el cuerpo como un cofre. Es pesado, estorba, no te ayuda a comunicarte con la realidad. Si dejas que la energía del cuerpo fluya desde los dedos de los pies a la cabeza, si das libertad total a su energía –la bioenergía– serás un río, y no sentirás el cuerpo en absoluto. Te sentirás casi como si no tuvieras cuerpo. Si no luchas con el cuerpo, no lo sientes. Si luchas con el cuerpo, el cuerpo se vuelve una carga. Y si llevas el cuerpo como una carga nunca puedes llegar a Dios.

El cuerpo tiene que volverse ingrávido, para que casi empieces a caminar por encima de la Tierra: esta es la manera tántrica de caminar. Eres tan ingrávido que no hay gravitación, simplemente vuelas. Pero eso surge de una gran aceptación.

Te va a resultar difícil aceptar tu cuerpo. Lo condenas, estás siempre encontrándole defectos. Nunca lo aprecias, nunca lo amas, y luego quieres un milagro: que llegue alguien y ame tu cuerpo. Si tú mismo no puedes amarlo, nadie lo amará, porque tu vibración ahuyentará a la gente.

Te enamoras de una persona que se ama a sí misma, nunca es de otra forma. El amor tiene que dirigirse primero a uno mismo, sólo desde este centro pueden surgir otros tipos de amor. No amas tu cuerpo. Lo ocultas de mil y una maneras. Ocultas el olor de tu cuerpo, ocultas tu cuerpo con ropa, ocultas tu cuerpo con adornos. Tratas de crear una belleza que sientes continuamente que no tienes, y en ese esfuerzo mismo te vuelves artificial.

Piensa en una mujer con los labios pintados... es pura fealdad. Los labios deberían ser rojos por vitalidad, no por pintarlos. Deberían estar vivos por amor, deberían estar vivos porque tú estás viva. Pero, por pintarte los labios... crees que te estás embelleciendo.

Sólo las personas que están muy conscientes de su fealdad van a los salones de belleza; si no, no es necesario. ¿Has encontrado alguna vez un pájaro que sea feo? ¿Has encontrado alguna vez un ciervo que sea feo? Nunca sucede. Ellos no van a ningún salón de belleza, y no consultan a ningún experto. Simplemente se aceptan a sí mismos y son bellos en su aceptación. El hecho mismo de aceptarse los llena de belleza.

En cuanto te aceptas a ti mismo eres bello. Cuando estás encantado con tu propio cuerpo, encantas también a los demás. Mucha gente se enamorará de ti, porque tú mismo te amas. Ahora estás enfadado contigo mismo. Sabes que eres feo, sabes que eres repulsivo, horrible. Esta idea ahuyentará a la gente, esta idea no les ayudará a enamorarse de ti; los mantendrá apartados. Incluso si se acercan a ti, en cuanto sientan tu vibración, se alejarán.

No es necesario perseguir a nadie. La persecución surge sólo porque no nos hemos amado a nosotros mismos. De otra forma, la gente viene. Les resulta casi imposible no amarte si tú te amas a ti mismo.

¿Por qué vino tanta gente a Buda, y por qué vino tanta gente a Jesús? Ellos se amaban a sí mismos. Se amaban tanto y estaban tan encantados con su ser que es natural que cualquiera que pasaba se sintiera atraído por ellos. Atraían como un imán. Estaban tan encantados con su propio ser... ¿cómo vas a eludir ese encanto? Simplemente estar allí era una dicha tan grande...

El tantra te enseña lo primero: sé amoroso con tu cuerpo, hazte amigo de tu cuerpo, honra tu cuerpo, respeta tu cuerpo, cuida tu cuerpo, es el regalo de Dios. Trátalo bien, y te revelará grandes misterios. Todo tu crecimiento depende de cómo te relaciones con tu cuerpo.

Y luego, lo segundo de lo que habla el tantra es de los sentidos. De nuevo, las religiones están contra los sentidos. Tratan de embotar los sentidos y la sensibilidad. Y los sentidos son tus puertas de la percepción, los sentidos son las ventanas a la realidad. ¿Qué es tu ojo? ¿Qué son tus oídos? ¿Qué es tu nariz? Ventanas a la realidad, ventanas a Dios. Si ves correctamente, verás a Dios en todas partes. Así que no hay que tener los ojos cerrados, hay que abrir los ojos correctamente. No hay que destruir los ojos. No hay que destruir los oídos porque todos estos sonidos son divinos.

Estos pájaros están cantando mantras. Estos árboles están dando sermones en silencio. Todos estos sonidos son Suyos, y todas las formas son Suyas. Así que si no tienes sensibilidad, ¿cómo vas a conocer a Dios? Y tienes que ir a la iglesia, al templo para encontrarlo... y Él está en todas partes. ¿Vas a un templo hecho por el hombre, a una iglesia hecha por el hombre, a encontrar a Dios? El hombre parece ser tan estúpido. Dios está en todas partes, vivito y coleando por todas partes. Pero para eso necesitas sentidos limpios, sentidos purificados.

Así que el tantra enseña que los sentidos son las puertas de la percepción. Se han embotado. Tienes que librarte de ese embotamiento, hay que limpiar tus sentidos. Tus sentidos son como un espejo que se ha embotado porque ha almacenado mucho polvo. Hay que limpiar el polvo.

Observa cómo el tantra trata todo. Otros dicen: ¡Embota tus sentidos, mata tu gusto! Y el Tantra dice: Saborea a Dios en todos los gustos. Otros dicen: Mata tu capacidad de tocar. Y el tantra dice: fluye totalmente en tu tacto, porque todo lo que tocas es divino. Es una inversión total de lo que llamáis religiones. Es una revolución radical, desde las mismas raíces.

Toca, huele, saborea, ve, oye tan totalmente como puedas. Tendrás que aprender ese lenguaje, porque la sociedad te ha engañado; te ha hecho olvidar.

Cada niño nace con sentidos preciosos. Observa a un niño. Cuando mira algo, está completamente absorto. Cuando está jugando con sus juguetes, está totalmente absorto. Cuando mira, es sólo los ojos. Mira los ojos de un niño. Cuando oye, es sólo los oídos. Cuando come algo, está sólo en la lengua. Es sólo el gusto. Observa a un niño comiendo una manzana. ¡Con qué entusiasmo! ¡Con cuánta energía! ¡Con qué deleite! Observa a un niño corriendo tras una mariposa en el jardín... tan absorto que incluso si Dios estuviera a su alcance, no iría hacia allí. Un estado tan tremendo, meditativo, y sin esfuerzo. Observa a un niño cogiendo conchas en la playa como si estuviera cogiendo diamantes. Todo es precioso cuando los sentidos están vivos. Todo está claro cuando los sentidos están vivos.

Más adelante, el mismo niño mirará la realidad como si estuviera oculta tras un cristal oscuro. Se ha acumulado mucho humo
y polvo en el cristal, y estás oculto tras él y mirando. Por eso, todo
parece apagado y muerto. Miras el árbol, y el árbol parece insulso
porque tus ojos están embotados. Oyes una canción, pero no tiene
ningún atractivo porque tus oídos están embotados. Puedes oír a
un Buda y no serás capaz de apreciarlo, porque tu inteligencia está
embotada.

Recupera tu lenguaje perdido. Siempre que tengas tiempo, da
más atención a tus sentidos. Al comer, no sólo comas. Trata de
aprender de nuevo el lenguaje olvidado del gusto. Toca el pan, siente su textura. Pálpalo con los ojos abiertos, pálpalo con los ojos cerrados. Cuando mastiques, mastica, estás masticando a Dios. ¡Recuérdalo! Será irrespetuoso no masticar bien, no saborear bien. Haz
que sea una oración, y darás comienzo al surgimiento de una nueva conciencia en ti. Aprenderás el camino de la alquimia tántrica.

Toca más a la gente. Nos hemos vuelto muy susceptibles en lo
referente a tocar. Si alguien te está hablando y se acerca demasiado, empiezas a echarte hacia atrás. Protegemos nuestro territorio.
No tocamos y no dejamos que los demás nos toquen. No damos la
mano, no abrazamos. No disfrutamos el ser de los demás.

Acércate al árbol, tócalo. Toca la roca. Vete al río, deja que fluya por tus manos. ¡Siéntelo! Nada, y siente el agua de nuevo, como
la siente el pez. No pierdas ninguna oportunidad de revivir tus sentidos. Y hay mil y una oportunidades durante todo el día. No es necesario tener algo de tiempo aparte para ello. El día entero es un
adiestramiento de la sensibilidad. Usa todas las oportunidades.
Bajo la ducha, usa la oportunidad, siente el contacto del agua que
cae sobre ti. Túmbate en el suelo, desnudo, siente la tierra. Túmbate en la playa, siente la arena. Escucha los sonidos de la arena,
escucha los sonidos del mar. Utiliza cualquier oportunidad, sólo así
serás capaz de aprender de nuevo el lenguaje de los sentidos. Y el
tantra sólo se puede comprender cuando tu cuerpo está vivo y tus
sentidos sienten.

Libera tus sentidos de viejos hábitos. Los hábitos son una de las causas primordiales del embotamiento. Descubre nuevas maneras de hacer las cosas. Inventa nuevas maneras de amar. La gente tiene mucho miedo. La gente tiene hábitos fijos. Incluso cuando hacen el amor, lo hacen siempre en la misma posición, la «postura del misionero». Descubre nuevas maneras de sentir.

Cada experiencia tiene que ser creada con gran sensibilidad. Cuando hagas el amor a una mujer o a un hombre, haz que sea una gran celebración. Y que tenga cada vez alguna creatividad nueva. Algunas veces, baila antes de hacer el amor. A veces, reza antes de hacer el amor. A veces, corre por el bosque, y luego haz el amor. A veces, nada y luego haz el amor. Así, cada experiencia del amor creará más y más sensibilidad en ti, y el amor nunca se volverá monótono y aburrido.

Descubre nuevas maneras de explorar al otro. No te estanques en rutinas. Todas las rutinas son contrarias a la vida. Las rutinas están al servicio de la muerte. Y siempre puedes inventar, no hay límites para la invención. A veces un pequeño cambio te beneficiará tremendamente. Siempre comes a la mesa. A veces, vete al césped, siéntate en el césped y come ahí. Y te quedarás muy sorprendido, es una experiencia totalmente diferente. El olor de la hierba recién cortada, los pájaros revoloteando a tu alrededor y cantando, y el aire fresco, y los rayos del Sol, y la sensación de la hierba húmeda debajo. No puede ser la misma experiencia que cuando te sientas en una silla a tu mesa. Es una experiencia totalmente diferente.

Prueba a veces comer desnudo, y te sorprenderás. Tan sólo un pequeño cambio —no gran cosa, estás comiendo desnudo—, pero tendrás una experiencia totalmente diferente, porque le has añadido algo nuevo. Si comes con cuchara y tenedor, a veces come con las manos, y tendrás una experiencia diferente. Tu tacto aportará una nueva calidez a la comida. Una cuchara es una cosa muerta. Cuando comes con una cuchara o un tenedor, estás muy lejos. Ese mismo miedo a tocar algo, ni siquiera se puede tocar la comida. Te perderás su textura, su tacto, su sensación. La comida tiene tanta sensación como sabor.

Se han hecho muchos experimentos en Occidente en torno al hecho de que cuando disfrutamos de algo, no somos conscientes de muchas cosas que contribuyen a la experiencia. Por ejemplo, cierra los ojos y la nariz, y come cebolla. Dile a alguien que te la dé sin decirte qué es, si es una cebolla o una manzana. Te resultará muy difícil distinguir la diferencia si la nariz está totalmente tapada y los ojos cerrados, cubiertos. Te resultará imposible decidir si es una cebolla o una manzana, porque el sabor no es sólo el sabor; el 50 por 100 viene de la nariz. Y los ojos contribuyen mucho. No es sólo el gusto; todos los sentidos contribuyen. Cuando comes con las manos, tu tacto contribuye. Tendrá mas sabor. Será más humano, más natural.

Descubre nuevas maneras de hacerlo todo.

El tantra dice: Si puedes seguir descubriendo nuevas maneras cada día, tu vida será siempre emocionante, una aventura. Nunca te aburrirás: una persona aburrida es una persona irreligiosa. Siempre tendrás curiosidad por saber, siempre estarás listo para buscar lo desconocido y lo poco corriente. Tus ojos permanecerán despejados y tus sentidos permanecerán despejados, porque cuando estás siempre listo para buscar, explorar, descubrir, no puedes embotarte, no puedes volverte estúpido.

Los psicólogos dicen que a los siete años comienza la estupidez. Comienza hacia los cuatro años, pero a los siete es ya muy, muy evidente. Los niños empiezan a volverse estúpidos antes de los siete años. De hecho, el niño aprende la mitad de todo lo que va a aprender en su vida antes de cumplir siete años. Si va a llegar a los setenta, en los sesenta y tres años que le quedan aprenderá sólo el 50 por 100; la otra mitad ya la ha aprendido. ¿Qué sucede? Se embota, deja de aprender. Si piensas desde el punto de vista de la inteligencia, hacia los siete años el niño comienza a hacerse viejo. Físicamente envejecerá más tarde –empezará a decaer a partir de los treinta y cinco–, pero mentalmente ya está decayendo.

Te sorprenderá saber que tu edad mental, la edad mental media, es de doce años. La gente no crece más, se estanca ahí. Por eso ves tanto infantilismo en el mundo. Insultas a alguien de sesenta años y en cuestión de segundos es un niño de doce años. Y se comporta de tal manera que te resulta difícil creer que semejante persona adulta pueda ser tan infantil.

La gente siempre está lista para retroceder. Su edad mental es muy superficial, siempre a punto de surgir. Rasca un poco, y sale su edad mental. Su edad física no tiene mucha importancia. La gente muere infantil; nunca crece.

El tantra dice: Aprende nuevas maneras de hacer las cosas, y libérate de los hábitos todo lo que puedas. Y dice también: No imites; si no, tus sentidos se embotarán. No imites. Descubre formas de hacer las cosas a tu manera. Pon tu firma en todo lo que hagas.

He oído que:

Mulla Nasrudin tiene un loro muy salido. El loro estaba diciendo obscenidades continuamente, sobre todo cuando había visita, y Mulla estaba muy preocupado. Se estaba volviendo horrible. Finalmente, alguien sugirió que lo llevase al veterinario.

Y eso es lo que hace. El veterinario examina al loro a fondo y dice: «Bueno, Nasrudin, tienes un loro cachondo. Yo tengo una hembra muy dulce y joven. Por quince rupias tu pájaro puede entrar en la jaula con el mío.»

El loro de Mulla está escuchando desde la jaula. Y Mulla dice: «Dios, no sé... ¿quince rupias?»

El loro dice: «Venga, venga, Nasrudin, ¡qué demonios!» Por fin el Mulla dice: «De acuerdo», y le da quince rupias al veterinario.

El veterinario coge el pájaro, lo mete en la jaula de la hembra y cierra la cortina. Los dos hombres se sientan a esperar. Hay un momento de silencio, y luego, de pronto: «¡Cua! ¡Cua! ¡Cua!» Hay plumas saliendo por encima de la cortina.

El veterinario dice: «¡Santo cielo!», y corre a abrir la cortina. El pájaro macho tiene a la hembra al fondo de la jaula sujeta con una garra, y con la otra le está arrancado todas las plumas, gritando encantado: «Por quince rupias te quiero desnuda, ¡desnuda!»

Entonces, al ver al veterinario y a su dueño, da un grito de ale-

---

[1] *Tantric Transformation*, cap. 7.

gría y dice: «¡Eh, Nasrudin! ¿no es así como tú también te lo haces con las mujeres?»

Incluso un loro puede aprender los modos humanos, puede imitar, puede volverse neurótico. Ser imitativo es ser neurótico. La única manera de conservar la cordura en el mundo es ser individual, auténticamente individual. Ser tu propio ser.

Así que lo primero que dice el tantra es que hay que purificar el cuerpo de represiones.

Segundo, hay que reavivar de nuevo los sentidos.

Siempre que puedas, relájate. Siempre que puedas, deja la mente de lado. Ahora estás diciendo: «Eso es fácil decirlo, pero ¿cómo dejar la mente de lado? La mente sigue y sigue.» Hay una manera.

El tantra dice: observa con tres conciencias. Conciencia número uno: deja que la mente corra, deja que esté llena de pensamientos; simplemente observa, sin involucrarte. No es necesario preocuparse por la mente, sólo observa. Simplemente sé un observador, y poco a poco verás que empiezan a surgir en ti pausas de silencio. Entonces, la conciencia número dos: cuando te des cuenta de que han empezado a surgir pausas, hazte consciente del observador. Ahora observa al observador y empezarán a surgir nuevas pausas. El observador empezará a desaparecer, igual que los pensamientos. Un día, el pensador también empieza a desaparecer. Entonces surge el verdadero silencio. Con la tercera conciencia, tanto el objeto como el sujeto han desaparecido; has entrado en el más allá.

Cuando se consiguen estas tres cosas —el cuerpo purificado de represiones, los sentidos liberados del embotamiento, la mente liberada del pensamiento obsesivo—, surge en ti una visión libre de toda ilusión: esa es la visión tántrica[1].

*¡No me gusto nada, especialmente mi cuerpo!*

Tienes una idea determinada de cómo debería ser el cuerpo, y si tienes alguna idea, sufrirás. El cuerpo es como debería ser. Si tienes alguna idea, sufrirás, así que deja esa idea.

Este es el cuerpo que tienes; este es el cuerpo que te ha dado Dios. Úsalo... ¡disfrútalo! Y si empiezas a amarlo, verás que cambia, porque si una persona ama su cuerpo, empieza a cuidarlo, y esos cuidados lo implican todo. Entonces no lo atiborras de comida innecesaria, porque lo cuidas. Entonces no lo matas de hambre, porque lo cuidas. Escuchas lo que te pide, escuchas sus pistas, lo que quiere, cuando lo quiere.

Cuando lo cuidas, cuando lo amas, te armonizas con el cuerpo, y automáticamente el cuerpo se pone bien.

Si no te gusta tu cuerpo, *eso* creará el problema, porque entonces, poco a poco, te volverás indiferente al cuerpo, no lo atenderás, porque ¿quién cuida al enemigo? No lo mirarás; lo evitarás. Dejarás de escuchar sus mensajes, y entonces lo odiarás más.

Y eres *tú* el que está creando todo el problema. El cuerpo nunca crea ningún problema; es la mente la que crea problemas. Es una idea de la mente. Ningún animal sufre por ninguna idea sobre su cuerpo, ningún animal... ¡ni siquiera el hipopótamo! *Ninguno* sufre, son muy felices porque no tienen mente que pueda crear esa idea; de otra forma, el hipopótamo pensará: «¿Por qué soy de esta forma?» No hay problema.

Abandona el ideal. Ama tu cuerpo, es tu cuerpo, es un regalo de Dios. Tienes que disfrutarlo y tienes que cuidarlo. Cuando lo cuidas, haces ejercicio, comes, duermes. Lo cuidas porque es tu instrumento, igual que el coche que limpias, al que escuchas cualquier zumbido para ver si algo está mal, ¿eh? Te importa incluso que aparezca algún rasguño en la carrocería. Cuida también tu cuerpo y será perfectamente bello, ¡ya lo es! Es un mecanismo tan hermoso, y tan complejo, y trabaja de una manera tan eficiente que sigue funcionando durante setenta años; te sigue sirviendo. Deberíamos estar agradecidos al cuerpo.

Simplemente cambia de actitud y verás que en seis meses tu cuerpo habrá cambiado de forma. Es casi como cuando te enamoras de una mujer y ves: ella inmediatamente se vuelve bella. Puede que no cuidara de su cuerpo hasta entonces, pero cuando un hom-

---

² *Hallelujah!*, cap. 31.

bre se enamora de ella, empieza a cuidarse. Pasa horas delante del espejo... ¡porque alguien la ama! Sucede lo mismo: ama tu cuerpo y verás que tu cuerpo empieza a cambiar. Es amado, lo cuidan, lo necesitan. Es un mecanismo muy delicado, la gente lo usa muy cruelmente, violentamente. ¡Cambia de actitud y verás![2]

*Soy feísima y he sufrido mucho a causa de ello. ¿Qué debo hacer?*

La fealdad no tiene nada que ver con el cuerpo. Tampoco la belleza tiene mucho que ver con el cuerpo. La belleza o la fealdad del cuerpo es muy superficial; lo auténtico viene de dentro. Si te puedes volver bella dentro, te volverás luminosa. Ha sucedido muchas veces: incluso una persona fea, cuando se vuelve meditativa, empieza a ser bella.

Lo he observado continuamente, año tras año. Cuando la gente llega aquí tiene la cara totalmente diferente. Cuando empiezan a meditar, cuando empiezan a bailar, cuando empiezan a cantar, su rostro se relaja. La tensión se disipa. Su desdicha, que se había vuelto parte de su rostro, lenta, lentamente, desaparece. Se vuelven relajados como niños. Sus rostros empiezan a brillar con una nueva alegría interna, se vuelven luminosos.

La belleza y la fealdad físicas no son muy importantes. Yo puedo enseñarte a ser bella desde dentro, y esa es la verdadera belleza. Una vez que tengas esa belleza, tu forma física no importará mucho. Tus ojos empezarán a brillar de alegría; tu rostro tendrá resplandor, gloria. La forma se volverá irrelevante. Cuando algo empieza a fluir desde tu interior, cierto encanto, entonces la forma externa se pone de lado, pierde toda importancia en comparación: no te preocupes por ella.

Medita, ama, baila, canta, celebra, y la fealdad desaparecerá.

[3] *Unio Mystica*, vol. 1, cap. 4.
[4] *Unio Mystica*, vol. 2, cap. 4.

Eleva algo en ti, y lo inferior quedará olvidado, porque todo es cuestión de comparación, es relativo. Si puedes elevar algo en ti. Es como si hubiera una pequeña vela encendida en la habitación: enciende una luz más fuerte y la pequeña vela pierde toda su importancia.

Trae la belleza de dentro, que es más fácil. Respecto a la otra belleza no puedo ayudarte mucho; no soy cirujano plástico. Puedes encontrar algún cirujano plástico que pueda ayudarte, pero no servirá de nada. Puede que tengas la nariz un poco más larga, mejor formada, pero no servirá de mucho. Si sigues siendo igual por dentro, tu belleza externa simplemente mostrará tu fealdad interna; servirá de contraste.

Consigue la belleza interna[3].

Denise se sentía muy cohibida respecto a su rostro. «Soy fea —se decía a sí misma cuando se miraba al espejo—. Mi nariz está torcida, mi barbilla es demasiado pequeña, mis orejas sobresalen, y tengo bolsas bajo los ojos.»

Desesperada, acudió al cirujano plástico y se hizo un lifting. Le fortalecieron la barbilla, le remodelaron la nariz, le modificaron las orejas, y le quitaron las bolsas de debajo de los ojos. Después de un mes de sufrimientos, la pesadilla terminó por fin. Ahora podía recibir a sus amigos, pero aún se enfurruñaba consigo misma.

Un día, su amiga Joan la miró con estupor. «No entiendo por qué estás tan triste. Ahora tienes la cara de una estrella de cine.»

«Ya lo sé —sollozó Denise—. Pero ahora mi nueva cara no va bien con mi viejo cuerpo[4].»

Había una chica muy fea en la playa, y las olas dejaron una botella a sus pies. La abrió, y apareció un genio enorme en una nube de humo.

«He estado prisionero en esta botella durante cinco mil años

---

[5] *Ecstasy, The Forgotten Language*, cap. 3.
[6] *From the False to the Truth*, cap. 13.

–gritó el genio–, y ahora me has liberado. Como recompensa, cumpliré cualquier deseo que pidas.»

Contentísima, la chica fea anunció: «Quiero una figura como la de Sofía Loren, un rostro como el de Elizabeth Taylor, y piernas como las de Ginger Rogers.»

El genio la miró atentamente y luego suspiró: «Mira, cariño, mejor vuelve a meterme en la botella[5].»

### ¿Puedes decir algo sobre la vanidad?

Las mujeres son conocidas en todo el mundo por mirarse continuamente al espejo. Las más idiotas llevan también un espejo en el bolso. ¿Qué es lo que ven en el espejo? El espejo no puede reflejar tu individualidad, para eso necesitas un maestro. El espejo sólo puede reflejar tu personalidad. No puede reflejar tu ser, tu centro, sino sólo tu circunferencia.

Y las mujeres se miran una y otra vez. Una vez es suficiente, pero ¿cómo estar segura? Dentro de ti sabes perfectamente bien que lo que se refleja no eres tú, pero quieres convencerte de que eres tú. Y sigues decorando tu personalidad, tu peinado, tu pintalabios. Es muy extraño.

Tener labios rojos por estar sana es totalmente diferente a pintárselos con lápiz de labios. ¿A quién vas a engañar? No te puedes engañar ni a ti misma. Y esto no es sólo así para las niñas y las jóvenes. He visto a mujeres mayores, que debían estar ya en la tumba, todavía pintándose los labios, poniéndose pestañas postizas. Tu personalidad es tu creación... Martillando tu personalidad, yo estoy intentando llevar tu atención de tu personalidad a tu individualidad[6].

*Parece desafortunado que la existencia tuviera que dar a las mujeres eso que llaman la menstruación to-*

*dos los meses. Es una de esas cosas que sabes que lle-*
*ga, y sabes todas las emociones y locuras que trae con-*
*sigo. Y, sin embargo, resulta dificilísimo poder obser-*
*var y no identificarse con ello, al menos para mí.*
*Extrañamente, incluso los hombres parecen involu-*
*crarse en ello cuando nos está pasando. ¿Cómo pode-*
*mos observar algo que es una parte tan intrínseca de*
*nuestra biología?*

El arte de observar es el mismo estés observando algo externo o algo de tu propia biología, eso también está fuera de ti.

Ya sé que es difícil, porque estás más identificada con ello; está muy cerca. Pero el problema no es la observación, el problema es la identificación. Hay que romper esa identificación.

Cuando sientas que llega la menstruación, trata de observar, trata de ver lo que trae consigo, ira, depresión, odio, una tendencia a pelear, un deseo de dar un berrinche. Simplemente observa, y no sólo observes, di también al hombre que amas: «Me llega esto dentro de mí. Intentaré lo mejor que pueda ser consciente, pero si me identifico, tú no necesitas involucrarte, puedes simplemente observar. No tienes nada que ver con ello.»

Y el hombre puede saber que una mujer durante la menstruación está en dificultades. Ella necesita tu compasión.

Y la mujer debería hacer lo mismo, porque puede que no lo sepas, pero también el hombre tiene su período cada mes. Como no tiene una expresión física, durante siglos nadie se ha dado cuenta de que el hombre también pasa por el mismo ciclo. Tiene que hacerlo, porque él y ella son parte de una única totalidad. Un hombre también entra, durante cuatro o cinco días cada mes, en un agujero oscuro. *Tú* por lo menos puedes echarle toda la culpa a tu menstruación. Él ni siquiera puede hacer eso, porque su menstruación es sólo emocional. Él pasa por las mismas emociones que tú. Y como no venían acompañados de una expresión física, nadie pensó en ello. Pero ahora es un hecho establecido que cada mes él pasa por la misma situación que tú. Así que él no es superior en ese sentido, y tú no tienes peor suerte que él.

Surge la dificultad de que cuando amas a un hombre y vives con él el tiempo suficiente, poco a poco vuestros ritmos corporales se van armonizando. De forma que cuando tú tienes tu menstruación, él también tiene la suya. Eso crea el verdadero problema, los dos estáis en un agujero oscuro, los dos estáis deprimidos, los dos estáis tristes, los dos estáis desesperados. Y os echáis la culpa el uno al otro.

Así que el hombre tiene que descubrir cuándo tiene su período. Y la manera de descubrirlo es escribir todos los días en un diario cómo va. Y descubrirás un bloque de cinco días en los que estás constantemente deprimido, de mal humor, con ganas de pelea. Observando durante dos o tres meses −apuntándolo en tu diario−, llegarás a una conclusión absoluta: estos son los cinco días. Advierte a tu mujer: «Estos son *mis* cinco días.»

Si no son los mismos que los de tu mujer, está bien, tienes suerte, porque el problema será sólo la mitad. Así, el hombre puede observar cuando la mujer dé berrinches y haga todo tipo de estupideces. Él no necesita participar, no necesita responder, no necesita reaccionar. Debería tomárselo con calma y dejar que la mujer vea que se lo está tomando con calma, lo que para ella significará: «Debería ser consciente.»

Pero si estos períodos coinciden, entonces es una verdadera calamidad. Pero también entonces podéis ser conscientes los dos. Tú puedes ver que también él está padeciendo su período menstrual, y no está bien tirarle más cosas al pobre hombre, y él puede comprender que tú estás sufriendo y «Es mejor que me guarde mis historias para mí».

Simplemente observa.

Pronto existirá la posibilidad... En realidad eran las religiones del mundo las que han estado impidiéndolo; el período menstrual puede desaparecer, y el de la mujer más fácilmente que el del hombre. Si estás tomando la píldora, puede que desaparezca. Para muchas mujeres la píldora es algo perfecto, el período desaparece. Así que no hay nada de malo en ello; toma la píldora. Y hace sólo unos

---

[7] *The Transmission of the Lamp*, cap. 8.

días oí que también han descubierto una píldora para el hombre, así que también él puede tomar su píldora.

Pero eso sólo cambiará tu situación biológica. Es más importante que seas consciente. Si puedes ser consciente de la situación y no identificarte, eso será mucho más importante.

Pero la píldora eliminará tu dolor físico. Y yo estoy totalmente a favor de eso. No hay necesidad de sufrir ningún dolor físico innecesariamente, si puede ser aliviado. Así que encuentra una píldora y olvídate del sufrimiento físico, biológico... Y la conciencia la puedes practicar de otras mil y una formas. No es preciso sufrir corporal, físicamente, sin necesidad. Quizá la píldora pueda aliviar tu período. Con seguridad, puede eliminar la posibilidad de que te quedes embarazada, y eso es una bendición, porque el mundo no necesita más población.

Pero, mientras tanto, prueba la conciencia[7].

*Cuando tengo el período siempre me vuelvo loca. La última vez rompí varias cosas en casa. ¿Por qué me siento siempre tan destructiva durante el período?*

Sentirse salvaje no es malo, pero romper cualquier cosa no está bien. Cuando te sientas salvaje, baila una danza salvaje, pero nunca destruyas nada. Puede que no sea un problema –puedes romper una cazuela–, pero la idea misma de destruir es mala. Te da una actitud muy destructiva hacia la vida. Y la cazuela es sólo una excusa. En realidad te gustaría destruir cosas más valiosas, incluso relaciones valiosas, personas valiosas... Pero no puedes destruir tanto, no puedes aguantarlo, y rompes una pobre cazuela, ¡y no te ha hecho nada!

Para muchas mujeres, los días del período son un poco destructivos, y la causa es muy biológica. Tienes que comprender y estar un poco alerta y consciente para poder elevarte un poco por encima de tu biología; de otra forma, estás bajo su control.

Si estás embarazada, el período cesa porque la misma energía que se ha disipado en el período comienza a ser creativa: crea el niño. Cuando no estás embarazada, la energía se acumula cada mes, y si no puede ser creativa, se vuelve destructiva. De forma que cuando una mujer tiene el período, en esos cuatro o cinco días tiene una actitud muy destructiva, porque no sabe qué hacer con la energía. Y la energía vibra, te acosa en el centro más profundo de tu ser, y no puedes darle una salida creativa.

Toda la energía creativa puede volverse destructiva, y toda la energía destructiva puede volverse creativa. Por ejemplo, Hitler. Al principio quería ser pintor, pero no le dejaron. No logró pasar el examen de acceso a la academia de arte. El hombre que podría haber sido pintor se volvió uno de los hombres más destructivos del mundo. Con la misma energía podía haber sido un Picasso. Y una cosa es segura: tenía energía. La misma energía podría haber sido infinitamente creativa.

Normalmente, las mujeres no son destructivas. En el pasado nunca eran destructivas porque estaban continuamente embarazadas. Nacía un niño, y en seguida estaban embarazadas de nuevo. Nacía el otro niño, y otra vez quedaban embarazadas. Durante toda su vida usaban su energía.

Ahora, por primera vez está surgiendo un nuevo peligro en el mundo, el del poder destructivo de las mujeres. Porque ahora no es necesario que estén embarazadas continuamente. De hecho, el embarazo es casi algo anticuado. Pero la energía sigue estando ahí.

Veo una profunda conexión entre los métodos de control de la natalidad y el movimiento de liberación de la mujer. Las mujeres se están volviendo destructivas y están destruyendo la vida familiar, sus relaciones. Puede que estén tratando de racionalizarlo de muchas formas, pero están intentando liberarse de la esclavitud. Es una fase destructiva. Tienen esa energía y no saben qué hacer con ella. Los métodos de control de la natalidad han detenido su canalización creativa. Si ahora no se abren algunos canales para ellas, se volverán muy destructivas. En Occidente la vida familiar casi ha desaparecido. Hay conflictos continuos, luchas constantes, peleas,

---

[8] *Hammer on the Rock*, cap. 4.

y todos se tratan mal unos a otros. Y la razón de ello es –y nadie comprende cuál es la razón– un problema biológico.

Así que cuando sientas que se acerca el período, estate más alerta, y antes de que empiece, baila como una salvaje.

Puedes trascender la naturaleza porque tienes también una naturaleza más elevada. Uno puede trascender la biología, ¡y hay que hacerlo, porque si no, uno es esclavo de las hormonas! Así que cuando te sientas destructiva, empieza a bailar.

Lo que digo es que bailar absorberá tu energía. Ahora haces lo contrario. Dices que te gusta descansar y no hacer nada en esos días, pero haz algo –cualquier cosa, da paseos largos– porque la energía necesita salir. Cuando lo entiendas, cuando sepas que el baile te relaja completamente, esos cuatro días del período se volverán los más bellos, porque nunca tendrás tanta energía como entonces[8].

*¿Puedes decir algo sobre la menopausia de las mujeres?*

En la vida de toda persona llegan momentos de cambio, y una de las cosas más importantes que hay que recordar es que cuando cambias un cierto patrón de vida, tienes que cambiar naturalmente. No está en tus manos.

La biología te capacita para el sexo a los trece o catorce años, no es algo que haces tú. A cierta edad, al acercarte a los cuarenta o cuarenta y dos, el propósito de la naturaleza ha terminado. Todas esas hormonas que te han estado impulsando empiezan a desaparecer. Aceptar este cambio es muy difícil; de repente empiezas a pensar que ya no eres bella, que necesitas un lifting.

He oído hablar de una mujer que decía al cirujano plástico: «Necesito un lifting.»

El cirujano la miró y dijo: «No hay nada mal, es sólo la edad, no se preocupe. ¿Para qué pasar por todas esas molestias innecesariamente?» Pero la mujer seguía insistiendo, así que el doctor le dijo: «Muy bien. Pero le va a costar cinco mil dólares.»

La mujer dijo: «No tengo tanto dinero. ¿No puede aconsejarme algo más barato?»

El doctor dijo: «Sí. Se puede comprar un velo.»

Es uno de los problemas de Occidente. En Oriente la mujer no está preocupada, las cosas se aceptan tal como llegan. La aceptación ha sido el fundamento básico de la vida oriental. Occidente está continuamente imponiéndose a la naturaleza, exigiendo cómo deberían ser las cosas. Nadie quiere hacerse viejo. De forma que cuando llega el momento de la transición de una fase de la vida, sucede un extraño fenómeno: al igual que una vela llega hasta el mismísimo final, y sólo le quedan unos instantes, en el último momento la vela de pronto se vuelve más grande con todo su poder. Nadie se quiere ir.

Es un hecho bien sabido en la ciencia médica que en el momento de la muerte la gente de pronto se pone completamente sana. Todas sus enfermedades desaparecen. Este es el último esfuerzo de su vida, resistirse a la muerte. Sus familiares se sienten muy felices, ya que de pronto han desaparecido todas las enfermedades, y la persona ha quedado en calma y tranquila; pero no saben que eso significa que llega la muerte. Las enfermedades han desaparecido porque han cumplido su misión, han matado a esa persona. Este es el último arranque de vida.

Lo mismo sucede con todos los cambios biológicos de la vida. Cuando el sexo se está volviendo irrelevante, empiezas a pensar en el sexo más que nunca, y de pronto ¡un gran arranque! Como tanta sexualidad está inundando la mente de repente, la mente sólo puede comprender lógicamente, racionalmente, una cosa –¿de dónde viene esta sexualidad?–; debe venir del inconsciente reprimido. Eso es lo que Sigmund Freud y sus seguidores han estado enseñando a todo el mundo. Tienen razón en muchas cosas. Están equivocados en muchas cosas, particularmente en lo referente a la transición, cuando ya no eres joven y tus hormonas van a desaparecer, y el interés en el sexo va a morir. Antes de morir, explotará con toda su fuerza, y si vas a un psicoanalista, dirá que estás reprimido sexualmente.

Yo no puedo decir eso, porque sé que esta repentina sexualidad que te abruma se irá por sí misma, tú no tienes que hacer nada. Es la señal de que la vida está atravesando un cambio. Luego, la vida será más calmada y tranquila. En realidad estás entrando en un estado mejor.

El sexo es un poco infantil. Según te vas volviendo más maduro, el sexo pierde el control que tenía sobre ti. Y eso es una buena señal. Es algo de lo que alegrarse. No es un problema que se tenga que resolver, es algo que hay que celebrar.

En Oriente ninguna mujer se preocupa nunca por la transición de la juventud a la vejez. De hecho, se siente inmensamente feliz que se vaya ese viejo demonio y la vida pueda ser ahora más tranquila. Pero Occidente ha estado viviendo bajo muchas ilusiones. Una de ellas es que sólo hay una vida, eso crea problemas inmensos. Si sólo hay una vida, y el sexo está desapareciendo, estás acabada. Ya no hay más oportunidades; ya no habrá más emociones en la vida. Nadie te va a decir: «Eres muy guapa y te amo y te amaré siempre.»

Así que, primero, la ilusión de una sola vida crea un problema. Segundo, los psicoanalistas y otros terapeutas han creado otra ilusión, que sexo es sinónimo de vida. Cuanto más sexual eres, más vivo estás. De forma que cuando el sexo empieza a desaparecer, uno empieza a sentirse como un cartucho usado. La vida ya no tiene sentido; la vida termina cuando se acaba el sexo. Y entonces la gente prueba todo tipo de cosas rarísimas, liftings, cirugía plástica, pechos postizos... Es estúpido, simplemente estúpido. La gente empieza a ponerse pelucas. Empieza a ponerse ropa sexualmente provocativa.

Casi todas las mujeres occidentales están pasando hambre –lo llaman estar a dieta– porque la idea en Occidente es que una mujer es bella si no está gorda. La naturaleza tiene otra idea. La mujer tiene que estar un poco gorda, porque la mujer, para la naturaleza, es una madre. Una madre necesita grasa extra para el niño, porque cuando el niño esté en su útero necesitará comida, y cuando el niño está en el útero la madre empieza a tener náuseas, no puede comer, empieza a tener vómitos. Necesita tener grasa de emergencia en su cuerpo para poder alimentar al niño, porque el niño necesita comida; está creciendo rápidamente. La ciencia dice que en esos nueve meses en el útero de su madre el niño crece más rápidamente que en los sesenta años de vida que le quedan. Tan rápidamente... en nueve meses pasa por casi toda la evolución del hombre, desde el pez, todas las fases. Sus necesidades tienen que ser satisfechas por la madre, y ella no puede comer. Te lo puedes imaginar, es problemático tener un niño en tu vientre. No creo que ningún hombre estuviese dispuesto a quedarse embarazado. ¡Seguro que se suicidaba! Se tiraría desde un edificio de cincuenta pisos, «¿Embarazado? Estoy acabado.» Imagina la idea de tener un niño en tu vientre y te volverás loco. Pero ¿cómo librarse de ello? La madre pasa por un sufrimiento inmenso, un gran sacrificio.

Por eso, en Oriente no hemos creado la idea de la mujer flaca. Por supuesto, la mujer flaca parece más atractiva sexualmente, más joven. La mujer gorda parece menos interesante sexualmente, porque pierde sus proporciones. Su talle ya no es muy fino. Su cuerpo ha acumulado tanta grasa que nadie se siente atraído por ella. No tiene la suficiente atracción para la mente humana.

Justo el otro día alguien me trajo un libro de fotografías tomadas por un fotógrafo famoso, y en la portada hay una famosa actriz de cine. En Oriente no puede ser considerada como muy bella; debe estar a dieta, y estar a dieta no es más que el concepto de pasar hambre de los ricos. Los pobres pasan hambre por sí mismos; los ricos pasan hambre de manera muy costosa, bajo guía profesional.

Tienes miedo a no ser atractivo, a que la gente ya no te mire. Pasarás por la calle y nadie se volverá para mirarte: «¿Quién ha pasado?» Recibir atención es una gran necesidad humana, sobre todo para las mujeres. La atención nutre. Una mujer sufre inmensamente cuando nadie le presta atención. No tiene otra cosa con la que atraer a la gente, sólo tiene su cuerpo. El hombre no le ha permitido desarrollar otras dimensiones, por las que podría convertirse en una pintora, o bailarina o cantante famosa, o en una profesora muy culta. El hombre ha cortado todas las demás dimensiones de la vida de la mujer por las que podría ser atractiva y la gente la respetaría incluso cuando se hiciera vieja.

Tengo que recordaros el significado de «respeto». Significa volverse para mirar. Cuando pasa alguien, «re-speto». No tiene nada que ver con el honor. Tiene que ver con el hecho que de pronto te das cuenta de que ha pasado algo bello.

El hombre ha dejado a la mujer con sólo el cuerpo, por eso a ella le preocupa mucho el cuerpo. Eso crea apego, posesión, miedo a que si la persona que ama la abandona quizá no encuentre a otro. Sin atención, la mujer empieza a sentirse casi muerta; ¿para qué vivir si nadie te presta atención? Ella no tiene una vida intrínseca propia. El hombre le ha enseñado que su vida depende de las opiniones que los demás tengan sobre ella.

Puedes ver que por todo el mundo los concursos de belleza se organizan sólo para mujeres, y las mujeres ni siquiera se rebelan contra esa idea. ¿Por qué no para hombres? Igual que elegís una Miss Universo, elegid un Míster Universo. Nadie se preocupa por el cuerpo del hombre. Puede engordar, puede ponerse como Winston Churchill; atraerá la atención porque tiene poder. Feo, todo lo gordo que se pueda imaginar, con toda la cara colgándole, ¡es *él* el que necesita un lifting! Pero no se preocupa. No es necesario. Puede tener poder, puede ser primer ministro, puede ser esto o aquello.

El hombre se las ha arreglado durante siglos para tener todas las demás dimensiones para atraer a la gente. Y sólo ha dejado una dimensión para la mujer, el cuerpo. Ha convertido a la mujer en una verdura, ¡y naturalmente la verdura empieza a preocuparse si no vienen los clientes! No es una coincidencia que en el país más pervertido sexualmente, Francia, la gente diga cuando están enamorados de una mujer: «Quiero comerte.» ¿Es que son caníbales? ¿Es la mujer una verdura, o qué? «Quiero comerte...» ¡Muestra un gran respeto por la mujer! Cuando nadie le dice: «Quiero comerte», ella piensa: «Estoy acabada. Mi vida ha terminado.»

Lo primero que tienes que aprender es una profunda aceptación de todos los cambios que la naturaleza te traiga. La juventud tiene su propia belleza, la vejez también la tiene. Puede que no sea sexual, pero si un hombre ha vivido silenciosamente, pacíficamen-

---

[9] *The Invitation*, cap. 24.

te, meditativamente, entonces la vejez tendrá una grandeza propia. Al igual que las cimas cubiertas de nieve son muy bellas, los cabellos blancos de la vejez también tienen su propia belleza. No sólo belleza, sino también sabiduría, algo que ningún joven puede reivindicar, porque toda su conducta es estúpida. Anda corriendo tras esta mujer, corriendo tras aquella mujer... El hombre viejo ha dejado todas esas correrías. Se ha asentado en sí mismo; ya no depende de nadie más. La mujer mayor debería seguir el mismo camino. No debería haber ninguna diferencia entre los hombres y las mujeres.

El amor sucede sólo cuando has trascendido la esclavitud biológica. La relación biológica es tan fea que durante siglos la gente ha decidido hacer el amor en la oscuridad, sin luz, para no ver lo que están haciendo.

Cuando la vida atraviesa un cambio biológico no sólo hay que aceptarlo, hay que regocijarse en que has pasado toda esa estupidez, que ahora eres libre de la esclavitud biológica. Es sólo una cuestión de condicionamiento...

Hay que aceptar la vida. Pero tu inconciencia no te deja aceptar la vida como es, quieres otra cosa.

Es perfectamente bueno cuando desaparece el sexo. Te volverás más capaz de estar sola. Serás más capaz de ser dichosa, sin ningún sufrimiento, porque todo el juego del sexo no es más que un largo sufrimiento, lucha, odio, celos, envidia. No es una vida tranquila. Y es la paz, el silencio, la dicha, la soledad, la libertad, lo que te da el sabor auténtico de lo que es la vida[9].

*[Se gastan billones de dólares en cirugía plástica...]*

Justo hoy me han informado que en Estados Unidos se gastan billones de dólares sólo en cirugía plástica. Casi medio millón de personas al año se someten a operaciones de cirugía plástica. Al principio, la edad de ese grupo que solía tener esas operaciones era cuando una mujer –y era sólo para las mujeres– empezaba a sentirse vieja. Solía someterse a la cirugía plástica para permanecer un poco más joven, atractiva por unos cuantos días más.

Pero una tendencia reciente es que la mayoría de las personas que acuden a la cirugía plástica en Estados Unidos son hombres, no mujeres, porque ahora son *ellos* los que quieren ser jóvenes un poco más tiempo. En lo profundo de sí se harán más viejos, pero su piel mostrará la tersura de un joven. Y lo más sorprendente en el informe era que incluso un muchacho de veintitrés años se había sometido a la cirugía plástica para parecer más joven. Estados Unidos es ciertamente el país de los lunáticos. Si incluso un chico de veintitrés años piensa que necesita parecer más joven...

Es muy feo ir en contra de la naturaleza. Es muy bello estar en armonía con la naturaleza y los dones que trae: la infancia o la juventud o la vejez. Si estás listo para aceptar y tu corazón puede dar la bienvenida a lo que venga, todo lo que la naturaleza trae tiene una belleza propia.

Y tal como yo lo entiendo –y todos los sabios de Oriente me respaldan–, el hombre se vuelve realmente bello y armonioso en el punto más elevado de su edad, cuando toda la necedad de la juventud se ha ido; cuando toda la ignorancia de la infancia ha desaparecido; cuando uno ha trascendido todo el mundo de experiencias mundanas y ha llegado a un punto en que puede ser un testigo desde las montañas, mientras el mundo se mueve abajo, en los valles oscuros y sombríos, andando a ciegas.

La idea de permanecer joven continuamente es también fea. El mundo entero debería darse cuenta de que al forzarte a ser joven, simplemente te pones más tenso. Nunca podrás relajarte.

Y si la cirugía plástica va a triunfar, volviéndose una profesión más y más grande en el mundo, verás que sucede algo extraño: todos empezarán a parecerse. Todos tendrán la nariz del mismo tamaño, decidido por ordenadores; todos tendrán el mismo tipo de cara, el mismo corte. No será un mundo bello; perderá toda su variedad, perderá todas sus bellas diferencias.

Las gentes se volverán casi como máquinas, todos iguales, sa-

10 *The Great Pilgrimage: From Here to Here*, cap. 19.

liendo de la cadena de montaje, coches Ford, uno a uno. Dicen que cada minuto sale un coche de la fábrica Ford, similar al que le sigue; en una hora, sesenta coches. Esto sigue veinticuatro horas al día; los turnos de los trabajadores van cambiando, pero la cadena de montaje sigue produciendo los mismos coches.

¿Queréis que también la humanidad sea un producto aerodinámico, montado en una fábrica, todos exactamente iguales a los demás, para que vayáis a donde vayáis encontréis a Sofía Loren? Sería muy aburrido.

Todo el mundo quiere vivir mucho tiempo, pero nadie quiere ser viejo. ¿Por qué? Por el paso siguiente. A nadie le asusta realmente la vejez, sino que tras la vejez sólo queda la muerte y nada más. De forma que a todos les gustaría vivir el mayor tiempo posible pero no hacerse viejos nunca, porque hacerse viejo significa que has entrado en el área de la muerte. En el fondo, el miedo a envejecer es un miedo a la muerte, y sólo los que no saben vivir tienen miedo a la muerte.

La juventud es una enfermedad de la que uno se va curando un poco cada día. La vejez es la cura. Has pasado toda la prueba del fuego de la vida, y has llegado al punto en que puedes ser totalmente despegado, distante, indiferente.

Pero Occidente nunca ha comprendido la belleza de la vejez. Puedo comprenderlo, pero no puedo estar de acuerdo. En Occidente la idea es: el problema de la vida es que hay tantas mujeres hermosas, y tan poco tiempo. Por eso nadie quiere hacerse viejo, para estirar el tiempo un poco más. Pero yo os digo: el problema sería aún peor si hubiera tanto tiempo y tan pocas mujeres. Tal como es, es un mundo perfecto[10].

*Te agradecería que hablases un poco del fenómeno de la vejez*

---

[11] *The Great Pilgrimage: From Here to Here*, cap. 13.

Tarde o temprano todo el mundo envejece. Tenemos que comprender la belleza de la vejez, y tenemos que comprender la libertad de la vejez. Tenemos que comprender la sabiduría de la vejez; tenemos que comprender su tremendo desapego de todas las tonterías que se dan en la vida de la gente cuando aún es joven.

La vejez te da una altura. Si esta altura se puede unir a la meditación... te preguntarás: ¿por qué desperdiciaste tu juventud? ¿Por qué tus padres destruyeron tu infancia? ¿Por qué no te dieron la meditación como primer regalo, el día que naciste? Pero cuando lo comprendes, aún no es demasiado tarde. Incluso unos pocos momentos antes de la muerte, si puedes entender el significado de tu ser, tu vida no habrá sido un desperdicio.

En Oriente, la vejez ha sido respetada inmensamente. En el pasado se consideraba casi un acto desvergonzado: cuando tus hijos se están casando, cuando tus hijos están teniendo hijos, y tú todavía andas galanteando, continúas aún atado por la biología. Deberías elevarte; este es el momento de abandonar el terreno para que otros tontos jueguen al fútbol. Como mucho puedes ser el árbitro, pero no un jugador...

A no ser que aceptes con agradecimiento todo lo que la vida te trae, no estás comprendiendo. La infancia fue bella; la juventud tiene sus propias flores; la vejez tiene sus propias cimas de conciencia. Pero el problema es que la infancia llega por sí misma; para la vejez tienes que ser muy creativo.

La vejez es tu propia creación. Puede ser un sufrimiento, puede ser una celebración; puede ser simplemente una desesperación y también puede ser una danza. Todo depende de lo profundamente listo que estés para aceptar la existencia, te traiga lo que te traiga. Un día te traerá también la muerte, acéptala con gratitud[11].

*¿Por qué siempre tengo miedo de ser viejo?*

La vida, si se vive correctamente, nunca tiene miedo a la muerte. Si has vivido tu vida, darás la bienvenida a la muerte. Será como un descanso, como dormir profundamente. Si has llegado a tu punto máximo, a tu punto culminante en la vida, entonces la muerte es un bello descanso, una bendición. Pero si no has vivido, entonces por supuesto la muerte crea miedo. Si no has vivido, entonces ciertamente la muerte te va a quitar el tiempo de las manos, todas las oportunidades futuras de vivir. No has vivido en el pasado, y no va a haber futuro: surge el miedo. El miedo no surge a causa de la muerte, sino de la vida no vivida. Y a causa del miedo a la muerte, la vejez también da miedo, porque es el primer paso de la muerte. De otra forma, la vejez también es bella. Es la maduración de tu ser, de tu crecimiento. Si vives momento a momento, abierto a todos los desafíos que la vida te da, y usas todas las oportunidades que la vida te abre, y si te atreves a aventurarte en lo desconocido a lo que la vida te llama y te invita, entonces la vejez es la madurez. De otra forma, la vejez es una enfermedad.

Desgraciadamente, mucha gente simplemente se hace mayor, se hace vieja sin que esto traiga consigo ninguna madurez. Entonces la vejez es una carga. Has envejecido en el cuerpo, pero tu conciencia ha permanecido juvenil. Has envejecido en el cuerpo, pero no has madurado en tu vida interior. No tienes luz interna, y la muerte cada día está más cerca. Por supuesto, temblarás y tendrás miedo y surgirá en ti una gran angustia.

Los que viven correctamente aceptan la vejez y le dan una profunda bienvenida, porque la vejez simplemente dice que ahora están llegando a florecer, que están llegando a la realización, que ahora podrán compartir todo lo que han alcanzado.

La vejez es tremendamente bella, y así debería ser, porque la vida entera va hacia ella; debería ser la cima. ¿Cómo va a estar la cima al principio? ¿Cómo va a estar la cima en el medio? Pero si consideras que la infancia es la cima, como piensa mucha gente, entonces, por supuesto, estarás sufriendo toda tu vida, porque ya has llegado a tu cima, ahora todo lo demás será un declive, una bajada. Si piensas que la juventud es la cima, como piensa mucha gente, entonces, por supuesto, después de los treinta y cinco te pondrás triste, te deprimirás, porque todos los días perderás y perderás y perderás algo, y no ganarás nada. Perderás energía, te debilitarás, las enfermedades entrarán en tu ser, y la muerte empezará a llamar a la puerta. El hogar desaparecerá y aparecerá el hospital. ¿Cómo vas a estar feliz? No; pero en Oriente nunca hemos considerado que la infancia o la juventud son la cima. La cima espera hasta el final.

Y si la vida fluye correctamente, poco a poco alcanzas cimas más y más altas. La muerte es la cima suprema que alcanza la vida, el crescendo.

Pero ¿por qué nos estamos perdiendo la vida? ¿Por qué nos hacemos viejos y no maduramos? Algo ha ido mal en alguna parte, en alguna parte te han puesto en el mal camino; en alguna parte has convenido en que te pusieran en el mal camino. Hay que romper ese convenio, hay que quemar ese contrato. Eso es lo que llamo *sannyas:* comprender que «hasta ahora he vivido de manera equivocada, he hecho concesiones, no he vivido realmente».

Cuando erais niños pequeños hicisteis concesiones. Vendisteis vuestro ser. Por nada... Lo que habéis ganado no es nada, es pura basura. Has perdido tu alma por cosas pequeñas. Has consentido ser otro en vez de tú mismo; ahí es donde erraste el camino. Tu madre quería que fueses alguien, tu padre quería que fueses alguien, la sociedad quería que fueses alguien; y tú lo aceptaste. Poco a poco decidiste no ser tú mismo. Y desde entonces has estado fingiendo que eres otra persona.

No puedes madurar porque esa otra persona no puede madurar. Es falsa. Si llevo una máscara, la máscara no puede madurar, está muerta. Mi rostro puede madurar, pero no mi máscara. Y sólo tu máscara sigue haciéndose vieja; detrás de la máscara, escondido, tú no estás creciendo. Sólo puedes crecer si te aceptas a ti mismo, que vas a ser tú mismo, no alguna otra cosa.

El rosal ha convenido en volverse un elefante; el elefante ha convenido en volverse un rosal. El águila está preocupada, está casi a punto de ir al psiquiatra porque quiere ser perro; y el perro está en el hospital porque quiere volar como un águila. Esto es lo que

---

[12] *Yoga: The Alpha & Omega*, vol. 9, cap. 4.

le ha sucedido a la humanidad. La mayor calamidad es convenir en ser otro que el que eres: nunca podrás madurar.

Nunca puedes madurar siendo otro. Sólo puedes madurar siendo tú mismo. Hay que abandonar los «deberías» y hay que dejar de preocuparse tanto por lo que diga la gente. ¿Qué importancia tiene su opinión? ¿Quiénes son ellos para opinar? Tú estás aquí para ser tú mismo, no estás aquí para cumplir lo que otras personas esperan de ti, y eso es lo que todo el mundo está intentando hacer. Puede que tu padre esté muerto, y estás tratando de cumplir una promesa que le hiciste. Y él estuvo tratando de cumplir una promesa a su propio padre, y así sucesivamente. La tontería se prolonga hasta el mismo principio.

Trata de comprender, y sé valiente. Y toma tu vida en tus propias manos. De pronto notarás un gran aumento de energía. En el momento que decidas: «Voy a ser yo mismo y nada más. Sea cual sea el precio, voy a ser yo mismo», en ese mismo momento verás un gran cambio. Te sentirás lleno de vida. Sentirás una gran corriente de energía vibrando en ti.

A no ser que suceda eso, tendrás miedo a la vejez, porque ¿cómo vas a evitar ver el hecho de que estás perdiendo el tiempo y no estás viviendo y la vejez se acerca, y cómo vas a vivir entonces? ¿Cómo vas a evitar ver el hecho de que la muerte está ahí esperándote y cada día está más y más y más cerca, y aún no has vivido? Por supuesto que sentirás una angustia profunda. Así que si me preguntas qué hacer, te sugeriré lo básico[12].

# Capítulo 12

# La mente

*En esencia, ¿qué significa ser masculino o femenino?*

S ER MASCULINO o femenino es más una cuestión psicológica que fisiológica. Uno puede ser masculino fisiológicamente y no serlo psicológicamente, y viceversa. Hay mujeres agresivas –y desgraciadamente cada vez hay más en el mundo–, mujeres muy agresivas. Todo el movimiento de liberación de la mujer se basa en la mente de estas mujeres agresivas. Cuando una mujer es agresiva no es femenina.

Juana de Arco no es una mujer y Jesucristo sí lo es. Psicológicamente, Juana de Arco es un hombre; básicamente, su enfoque es el de la agresión. Jesucristo no es agresivo en absoluto. Él dice: «Si alguien te golpea en una mejilla, vuélvele la otra. Ofrécele la otra mejilla también.» Eso es la no agresividad psicológica. Jesús dice: «No os resistáis al mal.» ¡Ni siquiera al mal hay que resistirse! La no resistencia es la esencia del encanto femenino...

La ciencia es masculina, la religión es femenina. La ciencia es esforzarse por conquistar la naturaleza; la religión es soltarse, disolverse en la naturaleza. La mujer sabe cómo disolverse, cómo fundirse. Y todo buscador de la verdad tiene que saber cómo disolverse en la naturaleza, cómo hacerse uno con la naturaleza, cómo fluir con ella, sin resistirse, sin luchar... Según te vas haciendo más y más meditativo, tus energías se vuelven no agresivas. Tu violencia desaparece; surge el amor. Ya no estás interesado en dominar; por el contrario, cada vez te intriga más el arte de entregarte. Esa es la esencia de la psicología femenina. Comprender la psicología femenina es comprender la psicología religiosa. Eso aún no se ha intentado, y todo lo que existe en nombre de la psicología es psicología masculina. Por eso continúan estudiando a las ratas, y mediante las ratas toman conclusiones acerca del hombre.

Si quieres estudiar la psicología femenina, el mejor ejemplo te lo proporcionarán los místicos, los ejemplos más puros serán los místicos. Tendrás que estudiar a Basho, Rinzai, Buda, Jesús, Lao Tse. Tendrás que estudiar a estas personas, porque sólo comprendiéndolas serás capaz de comprender la cima, el crescendo más elevado de la expresión femenina[1].

## ¿Cuál es la diferencia entre la mente femenina y la mente masculina?

La investigación moderna ha llegado a un hecho muy importante, uno de los más significativos alcanzados este siglo, y es que no tienes una mente, sino dos. Tu cerebro está dividido en dos hemisferios: el derecho y el izquierdo. El hemisferio derecho está ligado a la mano izquierda, y el hemisferio izquierdo está ligado a la mano derecha, en cruz.

El hemisferio derecho es intuitivo, ilógico, irracional, poético, platónico, imaginativo, romántico, mítico, religioso; y el hemisferio izquierdo es lógico, racional, matemático, aristotélico, científico, calculador.

Estos dos hemisferios están constantemente en conflicto. La base de la política del mundo está dentro de ti, la mayor política del mundo está en tu interior. Puede que no te des cuenta, pero una vez que te das cuenta, lo que realmente hay que hacer hay que hacerlo entre estas dos mentes.

La mano izquierda está ligada al hemisferio derecho –la intui-

---

[1] *Dhammapada*, vol. 7, cap. 20.

ción, la imaginación, el mito, la poesía, la religión–, y la mano izquierda está muy condenada. La sociedad es de los que usan la mano derecha, mano derecha quiere decir hemisferio izquierdo. El diez por ciento de los niños nacen zurdos, pero se les fuerza a usar la mano derecha. Los niños que nacen zurdos son básicamente irracionales, intuitivos, no matemáticos, no euclidianos... son peligrosos para la sociedad, así que se los fuerza por todos los medios a que utilicen la mano derecha. No es sólo una cuestión de manos, es una cuestión de política interna: el niño zurdo funciona a través del hemisferio derecho, la sociedad no puede permitirlo, es peligroso, así que hay que pararlo antes de que las cosas vayan demasiado lejos.

Se sospecha que al principio la proporción debe haber sido de mitad y mitad, el 50 por 100 de los niños, zurdos, y el otro 50 por 100, diestros; pero el partido de la mano derecha ha dominado durante tanto tiempo que, poco a poco, la proporción ha decaído hasta ser de 10 y 90 por 100. Incluso aquí entre vosotros habrá zurdos, pero puede que no os deis cuenta de ello. Puede que escribas y trabajes con la mano derecha, pero puede que en tu infancia te hayan obligado a hacerlo así. Esto es un truco, porque en cuanto usas primordialmente la mano derecha, tu hemisferio izquierdo empieza a funcionar. El hemisferio izquierdo es la razón; el hemisferio derecho está más allá de la razón, su funcionamiento no es matemático. Funciona en destellos, es intuitivo, muy fascinante, pero irracional.

La minoría zurda es la minoría más oprimida del mundo, incluso más que los negros, incluso más que los pobres. Si comprendes esta división, comprenderás muchas cosas. Con la burguesía y el proletariado, el proletariado funciona siempre a través del hemisferio derecho del cerebro: los pobres son más intuitivos. Si vas a la gente primitiva verás que son más intuitivos. Cuanto más pobre es una persona, menos intelectual es, y puede que esta sea la causa de su pobreza. Al ser menos intelectual, no puede competir en el mundo de la razón. Es menos articulado en lo referente al lenguaje, a la razón, al cálculo, es casi un tonto. Puede que esta sea la causa de su pobreza. La persona rica funciona a través del hemisferio izquierdo; es más calculadora, aritmética en todo, astuta, lista, lógica, y planifica. Puede que por eso sea rica.

Esto mismo es aplicable a los hombres y las mujeres. Las mujeres son personas del hemisferio derecho, los hombres son del hemisferio izquierdo. Los hombres han dominado a las mujeres durante siglos. Ahora algunas mujeres se están rebelando, pero lo asombroso es que son el mismo tipo de mujeres. De hecho, son como hombres, racionales, argumentativas, aristotélicas. Es posible que un día, de la misma forma que la revolución comunista triunfó en Rusia y en China, en alguna parte, quizá en Estados Unidos, las mujeres puedan triunfar y derrocar al hombre. Pero para cuando las mujeres triunfen, las mujeres ya no serán mujeres, se habrán vuelto personas del hemisferio izquierdo. Porque para luchar hay que ser calculador, y para luchar con los hombres tienes que ser como los hombres: agresiva. Esa misma agresividad se ve por todas partes en el movimiento de liberación de la mujer.

Las mujeres que pertenecen al movimiento de liberación son muy agresivas, están perdiendo todo su encanto, todo lo que surge de la intuición. Porque si tienes que luchar con los hombres, tienes que aprender el mismo truco; si tienes que luchar con los hombres, tienes que luchar con las mismas tácticas. Luchar con alguien es muy peligroso, porque te vuelves como tu enemigo. Este es uno de los mayores problemas de la humanidad. En cuanto luchas con alguien, poco a poco tienes que utilizar la misma táctica y la misma manera. Puede que entonces derrotes al enemigo, pero para cuando lo derrotas ya te has vuelto como él... Sólo cambia lo superficial, en el fondo persiste el mismo conflicto.

El conflicto está en el hombre. A no ser que se resuelva ahí, no se puede resolver en ninguna otra parte. La política está en tu interior; es entre las dos partes de la mente.

Existe un puente muy pequeño. Si ese puente se rompe por algún accidente, por algún defecto fisiológico o alguna otra causa, la persona queda dividida, la persona se vuelve dos personas, y se da el fenómeno de la esquizofrenia o la doble personalidad. Si se rompe el puente –y el puente es muy frágil–, entonces te vuelves dos, te comportas como dos personas. Por la mañana eres muy amoroso, muy encantador; por la tarde estás muy enfadado, absoluta- mente diferente. No te acuerdas de la mañana... ¿cómo te vas a acordar? Estaba funcionando otra mente, y la persona se vuelve dos personas. Si este puente se fortalece tanto que las dos mentes de- saparezcan como separadas y se vuelvan una, entonces surge la in- tegración, la cristalización. Lo que George Gurdjieff llamaba la «cristalización del ser» no es otra cosa que las dos mentes hacién- dose una, el encuentro de lo masculino y lo femenino en tu inte- rior, el encuentro del *yin* y el *yang,* el encuentro de la derecha y la izquierda, el encuentro de lo lógico y lo ilógico, el encuentro de Aristóteles y Platón.

Si puedes entender esta bifurcación básica, entonces puedes comprender todo el conflicto a tu alrededor y dentro de ti.

La mente femenina tiene encanto, la mente masculina tiene eficacia. Y, por supuesto, a la larga, si hay una lucha continua, el encanto perderá, la mente eficiente ganará, porque el mundo com- prende el lenguaje de las matemáticas, no el del amor. Pero en el momento en que tu eficacia triunfa sobre tu encanto, has perdido algo tremendamente valioso: has perdido el contacto con tu propio ser. Puede que te vuelvas muy eficiente, pero ya no serás una per- sona verdadera. Te volverás una máquina, una especie de robot.

A causa de esto hay un conflicto continuo entre el hombre y la mujer. No pueden permanecer separados, tienen que entrar en re- lación una y otra vez, pero tampoco pueden permanecer juntos. La lucha no es externa, la lucha está dentro de ti. Y este es mi enten- dimiento: a no ser que soluciones tu conflicto interno entre el he- misferio derecho y el izquierdo, nunca podrás amar pacíficamente –nunca– porque la lucha interna se reflejará en el exterior. Si estás luchando por dentro, y te identificas con el hemisferio izquierdo, el hemisferio de la razón, y continuamente estás tratando de do- minar al hemisferio derecho, intentarás hacer lo mismo con la mu- jer de la que te enamores. Si la mujer por dentro está continua- mente luchando con su propia razón, luchará continuamente con el hombre al que ama.

Todas las relaciones –casi todas, las excepciones son insignifi- cantes, podemos no tomarlas en cuenta– son feas. Al principio son bellas; al principio no muestras la realidad; al principio finges. Una vez que la relación se asienta y te relajas, tu conflicto interno emerge y empieza a estar reflejado en tu relación. Entonces llegan las peleas, entonces aparecen mil y una formas de regañaros, de destruiros el uno al otro. De ahí la atracción de la homosexualidad.

Siempre que una sociedad queda demasiado dividida entre hombre y mujer, la homosexualidad surge inmediatamente. Porque al menos un hombre enamorado de un hombre no es un conflicto tan grande. Puede que la relación amorosa no sea tan satisfactoria, puede que no conduzca a la misma dicha tremenda y a los mismos momentos orgásmiscos, pero al menos no es tan fea como la relación entre un hombre y una mujer. Las mujeres se vuelven lesbianas cuando el conflicto se vuelve excesivo, porque al menos la relación amorosa entre dos mujeres no está tan profundamente en conflicto. Lo similar se junta con lo similar; pueden comprenderse mutuamente. Sí, es posible la comprensión, pero la atracción se pierde, la polaridad se pierde, el precio es muy grande. La comprensión es posible, pero se pierde toda la tensión, el desafío. Si eliges el desafío, entonces llega el conflicto, porque el problema auténtico está dentro de ti. A no ser que lo resuelvas, que alcances una armonía profunda entre tu mente femenina y tu mente masculina, no podrás amar...

Esta es toda la dificultad de la mente moderna: poco a poco, todas las relaciones se están volviendo superficiales. La gente tiene miedo de cualquier tipo de compromiso, porque han aprendido al menos una cosa de la experiencia amarga: cuando te relacionas profundamente, aparece la realidad, y tu conflicto interno empieza a ser reflejado por tu pareja, y la vida se vuelve fea, horrible, intolerable...

Cuando no la tienes, una relación te puede parecer un bello oasis en el desierto, pero según te vas acercando, el oasis empieza a secarse y a desaparecer. Una vez que estás atrapado en ella, es un encarcelamiento, pero recuerda, el encarcelamiento no viene del otro, sino de dentro de ti.

Si el hemisferio izquierdo continúa dominándote, tendrás mucho éxito en la vida, tanto que, para cuando llegues a los cuarenta, tendrás úlceras. Para cuando llegues a los cuarenta y cinco habrás tenido al menos uno o dos ataques al corazón. Para cuando llegues a los cincuenta estarás casi muerto, pero muerto con éxito. Puede que seas un gran científico, pero nunca serás un gran ser. Puede que acumules suficiente riqueza, pero perderás todo lo que tiene valor. Puede que conquistes el mundo entero, como Alejandro Magno, pero tu propio territorio interno seguirá sin conquistar.

Hay muchas cosas que hacen atractivo seguir al cerebro del hemisferio izquierdo, que es el cerebro mundano. Está más interesado en las cosas: coches, dinero, casas, poder, prestigio. Esta es la orientación del hombre que en la India llamamos un *grustha*, un propietario.

El cerebro del hemisferio derecho es la orientación del *sannyasin*, alguien que está más interesado en su propio ser interno, su paz interna, su dicha, y está menos involucrado con las cosas. Si le llegan con facilidad, bien; si no llegan, eso también está bien. Está más interesado en el momento, menos interesado en el futuro; más interesado en la poesía de la vida, menos interesado en su aritmética...

Hay una manera de seguir la vida a través de la aritmética y otra manera de seguir la vida a través del sueño, a través de sueños y visiones. Son totalmente diferentes. Justo el otro día alguien preguntó: «¿Existen los fantasmas, las hadas, y cosas así?» Sí, existen, si te guías por el cerebro del hemisferio derecho, existen. Si te guías por el cerebro del hemisferio izquierdo, no existen.

Todos los niños se guían por el hemisferio derecho. Ven fantasmas y hadas por todas partes, pero les habláis continuamente y los ponéis en su sitio y les decís: «Tonterías. Eres estúpido. ¿Dónde está el hada? No hay nada, es sólo una sombra.» Poco a poco convencéis al niño, al niño desvalido. Poco a poco lo convencéis, y pasa de una orientación del hemisferio derecho a la orientación del hemisferio izquierdo; no le queda más remedio. Tiene que vivir en vuestro mundo. Tiene que olvidar sus sueños, tiene que olvidar todos los mitos, tiene que olvidar toda la poesía, tiene que aprender matemáticas. Por supuesto, se vuelve eficiente en matemáticas, y se vuelve casi lisiado y paralítico en la vida. La existencia se va alejando más y más, y él se vuelve una mercancía en el mercado, su vida entera se vuelve basura... aunque, por supuesto, valiosa a los ojos del mundo.

Un *sannyasin* es alguien que vive mediante la imaginación, que vive por medio de la cualidad soñadora de la mente, que vive a través de la poesía, que poetiza sobre la vida, que ve a través de visiones. Entonces, los árboles son más verdes que lo que a ti te parecen, los pájaros son más bellos, todo adquiere una cualidad luminosa. Las piedras corrientes se vuelven diamantes; las rocas corrientes ya no son corrientes, nada es corriente. Si lo miras por el hemisferio derecho, todo se vuelve divino, sagrado. La religión es del hemisferio derecho.

Había un hombre en una cafetería tomando té con un amigo. Observó su taza y dijo con un suspiro: «Ah, amigo mío, la vida es como una taza de té.»

El otro pensó por un momento y luego dijo: «Pero ¿por qué? ¿Por qué es la vida como una taza de té?»

El primer hombre respondió: «¿Cómo voy a saberlo? ¿Te crees que soy filósofo?»

El cerebro del hemisferio derecho sólo hace afirmaciones sobre los hechos, no puede darte razones. Si preguntas: «¿Por qué?», permanecerá en silencio, no te da ninguna respuesta. Si vas andando y ves una flor de loto y dices: «¡Qué bonita!», y alguien dice: «¿Por qué?», ¿qué harás? Dirás: «¿Cómo voy a saberlo? ¿Te crees que soy filósofo?» Es una afirmación sencilla, una afirmación muy sencilla, total en sí misma, completa. No hay ninguna razón tras ella y ningún resultado más allá de ella, es una simple exposición de un hecho... El hemisferio derecho es el hemisferio de la poesía y el amor. Es necesario un gran cambio; ese cambio es la transformación interna[2].

---

[2] *Ancient Music in the Pines*, cap. 1.

*¿Podrías hablar algo más de las cualidades de la men-*
*te femenina?*

La mente femenina tiene las dos cualidades, la negativa y la positiva. La positiva es el amor, la negativa son los celos; la positiva es
compartir, la negativa es la posesión; la positiva es la espera, la negativa es el letargo, porque la espera puede parecer una espera y
puede que no lo sea, puede que sea un simple letargo.

Y lo mismo sucede con la mente masculina: la mente masculina tiene una cualidad positiva, que indaga, busca, y una cualidad
negativa, que siempre duda. ¿Cómo vas a indagar sin dudar? Entonces has elegido la positiva. Pero también puedes ser un hombre
dubitativo que no indaga, sólo se sienta y duda.

Otra cualidad positiva del hombre es que siempre está buscando el descanso, y una cualidad negativa: es inquieto, impaciente.
Simplemente porque es inquieto, no es necesario que se identifi-
que con su inquietud. Puedes usar tu inquietud como un trampolín para lograr un reposo relajante. Tienes una energía, un gran
impulso de hacer algo, puedes usar ese impulso para no ponerte en
acción, para ser un meditador.

Hay que usar lo negativo en servicio de lo positivo, y todo tiene ambos lados. Siempre que hay una cualidad positiva, a su lado
existe la negativa. Si prestas demasiada atención a la negativa,
errarás; presta mucha atención a la positiva y llegarás.

Hombre o mujer, ambos tienen que hacer eso. Entonces sucede el fenómeno más bello del mundo. Ese fenómeno es una persona indivisible, única, una unidad, un cosmos interno; una sinfonía
en la que todas las notas se ayudan entre sí, no son sólo un ruido,
sino que dan ritmo, color, a la totalidad. Hacen la totalidad, crean
la totalidad, no van en contra de la totalidad, ya no son fragmen-
tos, han alcanzado una unidad[3].

---

[3] *The Mustard Seed: My Most Loved Gospel on Jesus,* cap. 18.

### ¿Quién es más estúpido, el hombre o la mujer?

Te contaré una anécdota:

Un hombre le dijo a su mujer: «¿Por qué Dios hizo tan bellas a las mujeres?» La mujer respondió: «Para que los hombres os podáis enamorar de nosotras.»

Entonces el hombre dijo: «¿Y por qué os hizo tan estúpidas?» Y la mujer dijo: «Para que nosotras también podamos enamorarnos de vosotros.»

Pero, en realidad, la estupidez no tiene sexo. Aparece en todos los tipos y formas y tallas[4].

### ¿Son las mujeres más valientes que los hombres?

Desde luego que sí. Los hombres simplemente se sienten celosos... nada valientes. La mujer es más amorosa porque no vive guiada por la lógica, la razón, sino por la pura emoción y el corazón.

El camino del corazón es bello pero peligroso. El camino de la mente es vulgar pero seguro. El hombre ha elegido el modo de vida que le parece más seguro y más práctico. La mujer ha elegido el más bello, pero el más montañoso, el sendero peligroso de las emociones, los sentimientos, los humores. Y como hasta ahora el mundo ha estado dominado por los hombres, la mujer ha sufrido inmensamente. Ella no ha podido encajar en la sociedad que ha creado el hombre, porque la sociedad está creada según la razón y la lógica.

La mujer quiere un mundo del corazón.

En la sociedad creada por el hombre no hay lugar para el corazón. El hombre tiene que aprender a tener más corazón, porque la

---

[4] *Take It Easy*, vol. 2 cap. 4.

razón ha conducido a toda la humanidad hacia un suicidio global. La razón ha destruido la armonía de la naturaleza, la ecología. La razón ha dado bellas máquinas, pero ha destruido a la bella humanidad. Es necesario un poco más corazón en todo.

Por lo que a mí respecta, el camino a tu ser más interno está más cerca del corazón que de la mente. La mente es un atajo si vas hacia fuera, y el corazón es un camino muy largo. Si vas hacia dentro, es justo lo contrario, el corazón es un atajo al ser, y la mente es el más largo camino imaginable.

Por eso estoy totalmente a favor del amor, porque desde el amor es muy fácil llevarte a la meditación, llevarte a la eternidad de tu vida, llevarte a tu propia divinidad; desde la cabeza es muy difícil. Primero el hombre tiene que ir al corazón, y sólo entonces puede ir hacia el ser.

Mi énfasis en el amor tiene un motivo espiritual básico. La mujer puede funcionar desde el corazón inmediatamente, y el hombre puede avanzar hacia el corazón sin ninguna dificultad. Es sólo que le han educado mal; es sólo una cuestión de condicionamiento. Le han dicho que sea duro, que sea fuerte, que sea viril, y todas esas tonterías. Ningún hombre llora y deja fluir su tristeza o su alegría mediante las lágrimas porque desde que era un niño le han dicho que las lágrimas son para las mujeres, que es de niñas. Los hombres no lloran.

Si observas la naturaleza, todo esto parece absurdo. Si fuera así, si esa fuera la intención de la naturaleza, entonces hubiera hecho los ojos del hombre de manera diferente, no tendrían glándulas lagrimales. Pero tienen lagrimales como las mujeres.

¿Para qué sirven esas lágrimas? Son necesarias; son un lenguaje tremendamente significativo. Hay momentos en que no puedes hablar, pero tus lágrimas pueden mostrar lo que sientes. Puede que te sientas tan lleno de alegría que las lágrimas asomen a tus ojos. Las lágrimas son siempre el símbolo de una experiencia desbordante. Puede que estés tan triste que las palabras no puedan expresarlo; las lágrimas te ayudan. Es una de las razones por las que las mujeres se vuelven menos locas que los hombres, porque están dispuestas a llorar y gemir y a exteriorizar las cosas en cual-

quier momento; se vuelven locas temporalmente todos los días.
El hombre va acumulando, y luego un día explota, al por mayor. Las mujeres se vuelven locas al por menor, y eso es mucho más sabio, ventilarlo cada día. ¿Para qué acumular?

Los hombres se suicidan más que las mujeres. Es muy extraño. Las mujeres hablan de suicidarse más que los hombres, pero no lo hacen. Los hombres nunca hablan de suicidarse, pero lo hacen más; en proporción doble. El hombre va reprimiendo, continúa manteniendo un cierto rostro que es falso. Pero todo tiene un límite: llega un punto en que no puede aguantarlo más y todo cae en pedazos.

Hay que enseñar al hombre a estar más en el corazón, porque el camino hacia el ser sale del corazón. No puedes esquivar el corazón. La mujer está en una posición mejor, puede ir directamente hacia el ser desde el corazón. Pero en vez de reconocer esta cualidad inmensa en las mujeres, el hombre ha criticado y condenado a las mujeres. Quizá haya un motivo; quizá se daba cuenta de cierta superioridad de la mujer, la superioridad del amor. Ninguna lógica puede ser más elevada que el amor, y ninguna mente puede ser más elevada que el corazón. Pero la mente puede ser muy asesina; la mente puede ser muy violenta, y eso es lo que la mente ha hecho durante siglos.

El hombre ha estado pegando a las mujeres, reprimiendo a las mujeres, condenando a las mujeres. Y al no saber que condenar a las mujeres, reprimir a las mujeres las está haciendo inferiores, la mitad de la humanidad se ve privada de elevar su conciencia. Y tú también te ves privado, porque también tú podrías haber aprendido de esa mitad del Universo el arte de elevarte. Tú también podrías haber seguido el mismo camino, el mismo sendero. Por eso digo siempre que la liberación de las mujeres es también la liberación del hombre. De hecho, esa liberación es más la del hombre que la de las mujeres mismas.

Sí, las mujeres tienen más amor, pero también deberían darse cuenta del otro lado de la moneda. El hombre tiene lógica. El otro lado puede ser ilógico. No es peligroso, es sólo un error; se puede corregir. Por eso dije que el camino del corazón es bello pero peligroso.

El otro lado del amor es el odio; el otro lado del amor son los celos. De forma que si una mujer queda atrapada en el odio y los celos, toda la belleza del amor muere y ella se queda con sólo veneno en sus manos. Se envenenará a sí misma y envenenará a todos los que la rodean.

Para ser amoroso hay que estar más alerta, porque puedes caer en la cuneta del odio, que está muy cerca. Toda cima de amor está muy cerca; el valle oscuro del odio rodea la cima por todas partes, te puedes resbalar muy fácilmente.

Quizá sea esta la razón por la que muchas mujeres deciden no amar. Quizá sea esta la razón por la que el hombre ha decidido vivir en la cabeza y olvidarse completamente del corazón... porque el corazón es tan sensible, se siente herido con facilidad, sus humores cambian como el tiempo.

Quien quiera realmente aprender el arte del amor tiene que recordar todas estas cosas, tiene que tener cuidado de que su amor no caiga en todas estas zanjas del odio, los celos; de otra forma será imposible ir al ser, más imposible que desde la cabeza.

La mujer tiene que dejar los celos, tiene que dejar el odio. El hombre tiene que dejar la lógica y ser un poco más amoroso.

Se puede usar la lógica; es práctica. Es útil en el trabajo científico, pero no en las relaciones humanas. El hombre tiene que tener cuidado para que la lógica no se convierta en su único camino, para que sea tan sólo un instrumento que se usa y se pone de lado. La mujer tiene que ser consciente de no caer en el odio, en los celos, en la ira, porque esas cosas destruirán su tesoro más preciado, el amor. Y ambos tienen que profundizar más en el amor; cuanto más profundicen en el amor, más cerca estarán del ser.

El ser no está muy lejos; es la parte más profunda del amor, un amor que es absolutamente puro, incondicional. Un amor que es absolutamente consciente, alerta, inmediatamente se convierte en una tremenda revolución: abre las puertas al santuario más profundo del ser.

Llegar a tu centro mismo es conseguir todo lo que la vida puede darte, toda la fragancia, toda la belleza, toda la alegría, todas las bendiciones...

Desde luego que las mujeres son más valientes. En todas las culturas de todo el mundo, es la mujer la que deja a su familia y se suma a la familia del marido. Deja a su madre, a su padre, a sus amigos, su pueblo, todo lo que ha amado, todo con lo que ha crecido; sacrifica todo eso por amor. El hombre no sería capaz de hacerlo.

En realidad, como el hombre ha estado pretendiendo ser superior, debería haberlo hecho; debería haber ido a casa de la chica en vez de llevar a la mujer a su propia casa. Pero en ninguna cultura, en ninguna sociedad a lo largo de la historia, el hombre ha dado ese paso, abandonar a su familia, su terreno, su ambiente, sacrificarlo todo y hacerse parte de un ambiente totalmente nuevo, una nueva tierra, volver a plantarse en un nuevo jardín, en un nuevo terreno, y florecer allí. La mujer lo ha hecho, y lo ha hecho con elegancia.

Desde luego que ella es más valiente.

En el amor, y en las diferentes fases... Ella ama como una madre, lo que ningún padre puede hacer; ama como esposa, lo que ningún marido puede hacer. Incluso cuando es una niña pequeña ama como hija, lo que ningún chico puede hacer.

La vida entera de una mujer es amor.

Para el hombre, la vida es algo grande. El amor es sólo una pequeña parte de ella. Él puede sacrificar el amor por dinero, por poder, por prestigio, puede sacrificar el amor por cualquier cosa. La mujer no puede sacrificar el amor por nada; todo está por debajo del amor. Todo se puede sacrificar menos el amor. Indudablemente, ella es valiente, y el hombre debería aprender mucho de las mujeres.

Si hacemos que nuestras relaciones sean un proceso de aprendizaje para sentir a la otra persona –no sólo una relación sexual superficial, sino un aprendizaje profundo, íntimo, de los misterios del otro–, entonces toda relación se vuelve un fenómeno espiritual. Las dos personas se enriquecerán y, como resultado, también toda la sociedad[5].

---

[5] *Socrates Poisoned Again After 25 Centuries*, cap. 21.

### *¿Por qué las mujeres no se han liberado todavía?*

Una de las razones por las que las mujeres no se han liberado todavía es que no pueden formar una fuerza juntas: se compadecen del hombre; su compasión no se dirige a las demás mujeres. Con las demás mujeres tienen una relación de celos, a ver si tienen ropa mejor, si tienen mejores accesorios, si tienen un buen coche, si tienen una casa mejor. Su única relación con otras mujeres es una relación de celos.

Pero si toda mujer está celosa de las demás mujeres, naturalmente esta es una de las causas de su esclavitud. No pueden formar una fuerza juntas; de otra forma, constituyen la mitad de la gente del mundo, podrían habérselas arreglado para liberarse hace mucho tiempo. En cualquier momento que quisieran liberarse no habría nada para impedírselo. Ellas son sus propios enemigos.

· Una cosa que toda mujer debe recordar es que el hombre os ha dividido de una manera tan astuta que nunca podéis formar una fuerza. Estáis celosas unas de otras; no sentís ninguna compasión las unas por las otras. Preferís sentirla por los hombres, ¡menos por vuestro marido, por supuesto! Tiene que ser el marido de otra[6].

### *¿Qué son los celos y por qué duelen tanto?*

Los celos son una de las áreas más predominantes de la ignorancia psicológica sobre uno mismo, sobre los demás y, especialmente, sobre la relación.

La gente piensa que sabe lo que es el amor, pero no lo sabe. Y sus ideas erróneas sobre el amor crean los celos. Con la palabra «amor» la gente quiere decir un cierto tipo de monopolio, una posesión, sin comprender un hecho simple de la vida: que en el momento que posees a un ser vivo, lo has matado.

---

[6] *Joshu: The Lion's Roar*, cap. 2.

La vida no se puede poseer. No puedes meterla en tu puño. Si quieres tenerla, tienes que mantener las manos abiertas.

Pero esto ha ido mal durante siglos; se ha arraigado tanto en nosotros que no podemos separar el amor de los celos. Se han vuelto casi una misma energía. Por ejemplo, te sientes celosa si tu amante va con otra mujer. Te molesta mucho, pero me gustaría decirte que si no te sintieras celosa te molestaría mucho más, entonces pensarías que no le amas, porque si le amaras deberías sentirte celosa.

Los celos y el amor se han mezclado muchísimo. En realidad, son polos opuestos. Una mente que puede estar celosa no puede ser amorosa, y viceversa: una mente que es amorosa no puede estar celosa[7].

*Hace unos pocos días logré enfrentarme a mi demonio número uno: los celos. Entré en ellos totalmente, y el resultado fue que me sentí eufórica y muy agradecida y llena de energía. ¿Qué es lo que he aprendido de esta experiencia, y cómo debo usarla para que los celos no vuelvan a dominarme?*

Ha sido una experiencia muy significativa para ti, una de las experiencias clave que pueden ayudar a que uno cambie totalmente su energía.

George Gurdjieff solía buscar en primer término en sus discípulos la característica que era su enemigo número uno, porque su enemigo número uno contiene la llave que, o puede destruirlos si no lo entienden, o puede producir una transformación.

Tú te has enfrentado a los celos. Los celos son uno de los elementos más peligrosos de la conciencia humana, especialmente en la mente femenina. Enfrentarte a tu enemigo número uno sin ocultarlo, sin encubrirlo, sin tratar de interpretarlo favorablemente –que tienes razón, que es una situación tal que por supuesto tie-

---

[7] *Sermons in Stones*, cap. 13.

nes que estar celosa–, sin contentarte de ninguna manera con explicaciones de que los celos estaban bien.

Si te contentas diciéndote que están bien, seguirán ahí y se harán más fuertes; entonces no sentirías la energía que sientes ahora, esta energía la habrían absorbido los celos, hubiera permanecido contenida por los celos, y hubiera seguido buscando un momento en que poder explotar, buscando alguna excusa. Pero te enfrentaste a ellos como un hecho, que tienes celos... y lo aceptaste: que es algo que tiene que ver contigo, no con nadie más, que nadie más en todo el mundo es responsable de ellos.

Todo lo demás son excusas para protegerlos.

Has hecho un buen trabajo, y el resultado es que al simplemente observar, los celos desaparecieron.

Eso es lo que os he estado diciendo continuamente durante años, que no hay que hacer nada; simplemente enfrentarse a un problema igual que un espejo refleja algo, sin juicios.

Y como era tu enemigo número uno, contenía mucha energía. Ahora se ha ido, y la energía está libre. Por eso te sientes más llena de vida, más amorosa, más sensual. Has hecho un trabajo perfecto con tus celos. Ahora la energía se ha liberado. Has estado luchando con los celos durante años. Ahora has encontrado la clave.

La próxima vez que lleguen los celos, cógelos inmediatamente; y lo mismo que has hecho con tu enemigo número uno puedes hacerlo con todos los enemigos que llegan a tu mente. Son enemigos más pequeños, desaparecerán incluso antes, no tienen tanta energía.

Pero cuando se libera energía, surgirá el problema: qué hacer con esta energía. Hasta ahora la usaban, la chupaban los celos. Ahora está en todo tu cuerpo. Te sientes más sensual, te sientes más amorosa.

Exprésala, baila, canta, ama, haz cualquier cosa que se te ocurra[8].

---

[8] *The Transmission of the Lamp*, cap. 17.

## Por favor, háblanos de la posesión

No puedes hacer nada peor que esto: reducir a un ser a la categoría de una cosa. Y eso es lo que hace la posesión. Sólo las cosas se pueden poseer. Puedes estar en comunión con un ser. Puedes compartir tu amor, tu poesía, tu belleza, tu cuerpo, tu mente. Puedes compartir, pero no puedes hacer negocios. No puedes regatear. No puedes poseer a un hombre o a una mujer. Pero todo el mundo está intentando hacer eso por toda la Tierra.

El resultado es este manicomio que llamamos planeta Tierra. Intentas poseer, algo naturalmente imposible, que no puede suceder por la naturaleza misma de las cosas. Entonces sufres. Cuanto más intentas poseer a una persona, más intenta esa persona volverse independiente de ti, porque toda persona nace con el derecho de ser libre, de ser él mismo o ella misma.

Estás invadiendo la intimidad de la persona, que es el único lugar sagrado del mundo. Ni Israel es sagrado, ni Kashi es sagrada, ni La Meca es sagrada. El único espacio sagrado en el verdadero sentido de la palabra es la intimidad de una persona, su independencia, su ser.

Si amas a una persona, nunca invadirás. Nunca intentarás ser como un detective, ser un mirón, espiando la intimidad de la otra persona. Respetarás la privacidad de la otra persona. Pero mira lo que hacen los llamados amantes, los maridos y mujeres, novios y novias. Lo único que hacen, las veinticuatro horas, es encontrar maneras de invadir, de entrar en el mundo privado de la otra persona. No quieren que la otra persona tenga ninguna privacidad. ¿Por qué?

Si la persona tiene independencia, privacidad, individualidad, tienen miedo. Puede que esa persona mañana ya no los ame, porque el amor no es algo estancado. Es un momento, no tiene nada que ver con la permanencia. Puede que continúe por toda la eternidad, pero básicamente el amor es un fenómeno del momento. Si sucede de nuevo al momento siguiente, eres bienaventurado. Si no sucede, deberías estar agradecido de que, al menos, sucedió antes.

Permanece abierto: quizá pueda suceder otra vez, si no con esta persona, entonces con otra. La cuestión no son las personas, la cuestión es el amor. El amor debería seguir fluyendo, no debería detenerse.

Pero, en su estupidez, la gente empieza a pensar: «Si esta persona se me escapa de las manos me voy a pasar el resto de mi vida sediento de amor.» Y no sabe que al tratar de sujetar a esta persona permanentemente en cautiverio, estará sediento. No tendrá amor. No puedes obtener amor de un esclavo. No puedes conseguir amor de tus posesiones; de tu silla, tu mesa, tu casa, tus muebles, no puedes obtener amor.

Sólo puedes conseguir amor de un ser libre cuya unicidad respetes, cuya libertad respetes. Este momento de amor ha sucedido a causa de la libertad del otro. No lo destruyas tratando de poseerlo, tratando de sujetarlo, creando una atadura legal, un matrimonio. Deja que el otro sea libre, y permanece libre tú mismo. No dejes tampoco que nadie te posea.

Poseer o ser poseído, ambas cosas son feas. Si eres poseído pierdes tu alma misma.

Los amantes sólo aman cuando aún no están en una relación fija, establecida. Cuando la relación se asienta, el amor muere. En cuanto la relación está fija, en vez de amor sucede otra cosa: la posesión.

Siguen llamándolo amor, pero no se puede engañar a la existencia. Con sólo llamarlo amor no puedes cambiar nada. Ahora es odio, no amor. Es miedo, no amor. Es un apaño, no es amor. Puede ser cualquier cosa, menos amor.

Cuanto más profundamente trates de comprender, más claro quedará que el amor y el odio no son dos cosas. Es sólo un error lingüístico llamarlos amor y odio. En el futuro, al menos en los tratados y libros psicológicos, no pondrán «y» entre los dos. En realidad es mejor usar una sola palabra, «amorodio». Son los dos lados de una misma misma moneda[9].

---

[9] *From Darkness to Light*, cap. 20.

*Durante un año he estado viviendo con un hombre al
que le gusta estar también con otras mujeres, y no sé
qué hacer con mis celos*

Siempre es difícil para una mujer, a no ser que también ella
empiece a amar a otra gente; si no, seguirá siendo difícil. No se
puede evitar, e impedírselo a él también es feo. Entonces estás destruyendo su felicidad, y si destruyes su felicidad, se vengará de ti;
no se sentirá tan amoroso. Si intentas dominarle, para impedir que
vaya aquí o allá, se sentirá agobiado.

El problema es que durante siglos el hombre siempre ha vivido así. Y la mujer nunca ha vivido así por varias razones. Primero,
en el pasado, el problema eran los hijos –si se quedaba embaraza
estaría en dificultades–, así que era una cuestión de seguridad, de
finanzas y todo eso. Segundo, el hombre mismo ha estado enseñando a la mujer a ser pura, a ser virgen, a amar siempre a una sola
persona. El hombre ha estado usando una doble moral: una moral
para la mujer y otra para sí mismo. La mujer tiene que ser pura,
devota, entregada. ¿Y el hombre? Ya se sabe: «Los chicos son traviesos.»

El hombre se ha guardado toda la libertad para sí mismo. Y en
el pasado podía hacerlo porque tenía las finanzas en sus manos. Así
que era poderoso económicamente. Tenía los estudios, tenía el trabajo. La mujer no tenía trabajo ni estudios. Todo su mundo se limitaba a la casa. No tenía contactos fuera de la casa, así que le resultaba casi imposible enamorarse. Por lo menos necesitas tener
contactos, sólo entonces te puedes enamorar de alguien. Y el hombre ha creado una gran Muralla China alrededor de la mujer... Durante siglos, los musulmanes ni siquiera han permitido que los demás vean la cara de su mujer. Y la mujer no podía hablar con
ningún hombre. Una larga represión ha calado hasta los huesos.

Ahora las cosas han cambiado. Ahora la mujer es culta, puede
tener trabajo. Es tan libre como el hombre. Puede conocer a gen-

te, puede enamorarse, puede disfrutar de la vida. El problema del embarazo ahora es irrelevante; la píldora ha proporcionado una de las mayores libertades. Pero la vieja mente persiste, y esto no es algo trivial, miles y miles de años de condicionamiento. Tu madre y la madre de tu madre y todas las mujeres que te han precedido, todas estaban condicionadas, y ese condicionamiento ha penetrado también en ti.

Así que el problema existirá, a no ser que te vuelvas muy consciente y lo sueltes. Sólo hay dos posibilidades: una posibilidad es seguir dando la lata a tu amigo, como han hecho las mujeres durante siglos. Eso no ayuda; eso simplemente hace que el hombre se sienta más repelido por la mujer. Cuanto más refunfuñas, más lo lanzas a los brazos de otra, porque se cansa, se aburre de ti, y le gustaría ir a alguna otra parte y conocer a alguien que no refunfuñase; y será un alivio. Dar la lata no va a ayudar y, además, es destructivo.

La otra posibilidad es: sé valiente, dile que si es eso lo que quiere, entonces que tome nota: tú también harás lo mismo. ¡No debería haber una doble moral! Si él disfruta amando a otras mujeres, tú disfrutarás amando a otros hombres. Le amas, pero también amarás a otras personas. Déjaselo claro, y si inmediatamente él se asusta, si él mismo es un tipo celoso, o bien dirá: «No lo volveré a hacer» –pero entonces está parando por voluntad propia– o no hay necesidad de preocuparse; tú también empiezas a moverte. ¡No hay nada de malo en ello!

No estoy diciendo que él esté haciendo algo malo. Lo único que digo es: no debería haber una doble moral, sino sólo una para los dos. Y cada pareja tiene que decidir cuál es su propia norma; ése es el compromiso. O bien los dos decidís que permaneceréis el uno para el otro, monógamos, eso está bien, si los dos lo decidís de buena gana, felizmente, alegremente... Si no es posible –uno dice: «Me gustaría conservar mi libertad»– ¡entonces tú también conservas tu libertad! ¿Por qué estar triste? La tristeza surge porque él se está divirtiendo y tú te quedas ahí sentada pensando en él. ¡Diviértete también!

Y esta no es sólo una pregunta personal tuya. Esta va a ser la pregunta de todas las mujeres en el futuro. Ármate de valor y dile antes de que empiece a actuar: «Así van a ser las cosas, no estés celoso de mí.» Porque los hombres son aún más celosos; su ego masculino chovinista se siente más herido: «¿Mi mujer haciendo el amor con otro?» Empiezan a sentir que no son suficientemente hombres. Pero eso es problema suyo. Primero ponle muy claro que vais a seguir una cierta norma. Cuando dos personas deciden vivir juntas, tienen que desarrollar una cierta norma de conducta. Cuando estás solo, entonces eso no es necesario. Tened unas reglas del juego, pero que sean aplicables a los dos miembros de la pareja.

De forma que cualquier decisión que se tome... o él decide no estar con otras personas –está bien– o decide que aún quiere su libertad; entonces, tú también estás liberada. Entonces no tengas miedo; ¡empieza a hacerlo tú también! Hay mucha gente bella; ¿por qué limitarse sólo a una persona? Cada persona puede darte algo que nadie más puede. Cada persona tiene tal singularidad.

¿Por qué no amar a muchas personas y enriquecer tu amor? De hecho, esto no va contra el hombre que amas. He observado que si amas a muchas personas amarás más también a tu amante –es una aritmética sencilla– porque estarás más avezado en el amor. Podrás conocer muchos aspectos del amor. Te volverás más enriquecido, más desarrollado, más maduro.

Y este aferrarse a una persona es un tipo de inmadurez. ¿Por qué aferrarse? El amor es bello y divino, y todos los amores son formas de Dios, así que ¿por qué obsesionarse con una forma cuando esa forma no está obsesionada contigo? Si estáis obsesionados el uno con el otro, entonces está bien.

Esta es una idea que no es científicamente verdadera, que si el hombre va y tiene una pequeña aventura con una mujer, su propia mujer sufrirá; ya no tendrá tanto amor como solía. Eso no es cierto. No sufrirá, tendrá más amor. Y pronto, al ver a otras mujeres, al conocer a otras mujeres, el hombre se dará cuenta más y más: «¿De qué me sirve hacerlo? Mi propia mujer puede darme todo esto, y de una manera mucho más íntima, con mucho más cariño, con mucha más dedicación. ¿Por qué voy a comportarme como un mendigo?» Él volverá a casa deseándote mucho más.

De hecho, la psicología moderna sugiere que para que un matrimonio dure es bueno tener alguna aventura de vez en cuando, porque esto contribuye a que el matrimonio siga funcionando. Si no hay ninguna aventura adicional, el matrimonio se vuelve un fenómeno realmente aburrido. Se vuelve muy pesado, el mismo hombre, la misma mujer, la misma conversación, el mismo amor. Tarde o temprano todo se vuelve una rutina. Entonces se ha ido toda la emoción y todo es repetitivo, monótono.

Ten una buena charla con él y ponle muy claro que si él está disfrutando, tú también eres libre. ¡Y sé libre!

La libertad necesita un poco de valentía, necesita agallas, pero la disfrutarás. Y no va a estropear nada en vuestra relación; la mejorará. Dejarás de darle la lata. Cuando tú misma empieces a estar de vez en cuando con otras personas, dejarás de refunfuñar. De hecho, esa es la razón por la que las mujeres no andan con otros, porque entonces no tendría sentido refunfuñar. Y les encanta refunfuñar, les da poder.

Si también ellas andan con otros, no pueden hacer que su marido se sienta culpable. Y hacer que el marido se sienta culpable da un poder inmenso. Pero esto está mal. Nunca hagas que otro se sienta culpable. Si amas a esa persona, ¿por qué hacer que se sienta culpable? Si le gusta vivir así, ¡déjalo a su aire! Ten tú también algunas aventuras. Eso hará que los dos seáis más libres el uno del otro. Y cuando el amor es libre y se da en libertad, tiene una cualidad totalmente diferente. Tiene algo realmente bello.

Entonces no hay conflicto, ni peleas, ni celos, ni nada por el estilo. Hay una relación apacible y tranquila, silenciosa. Cuando tú estás teniendo algunos nuevos amores y él está teniendo algunos nuevos amores, los dos estáis siempre en una especie de luna de miel; estar juntos es siempre algo hermoso. Entonces las cosas nunca se vuelven viejas y podridas.

Sólo un poco de valentía... ¡y sucederá![10]

---

[10] *Don't Look Before You Leap*, cap. 1.

## Capítulo 13

# Meditación

*¿Qué es la meditación?*

¿Qué es la meditación? ¿Es una técnica que se puede practicar? ¿Es un esfuerzo que hay que hacer? ¿Es algo que la mente puede lograr? No, no es nada de esto.

Todo lo que la mente pueda hacer no puede ser meditación, es algo más allá de la mente, la mente es absolutamente impotente ahí. La mente no puede entrar en la meditación; donde acaba la mente, comienza la meditación.

Esto hay que recordarlo, porque en nuestra vida, todo lo que hacemos lo hacemos con la mente; todo lo que logramos, lo logramos a través de la mente. Y entonces, cuando empezamos a mirar para dentro, de nuevo empezamos a pensar en términos de técnicas, métodos, hacer, porque la experiencia entera de nuestra vida nos muestra que todo puede ser hecho por la mente. Sí, excepto la meditación, todo puede ser hecho por la mente; todo se hace por la mente, excepto la meditación. Porque la meditación no es un logro; ya está ahí, es tu propia naturaleza. No hay que lograrla; sólo hay que reconocerla, sólo hay que recordarla. Está ahí, esperándote, tan sólo un giro hacia dentro y está disponible. La llevas contigo desde siempre.

La meditación es tu naturaleza intrínseca, es tú, es tu ser, no tiene nada que ver con hacer algo. No puedes tenerla, no puedes no tenerla, no se puede poseer. No es una cosa. Es tú. Es tu ser.

Una vez que comprendes lo que es la meditación, todo se vuelve claro; de otra forma, seguirás andando a tientas en la oscuridad.

La meditación es un estado de claridad, no un estado de la mente. La mente es confusión. La mente nunca está clara. No puede estarlo. Los pensamientos crean nubes a tu alrededor, son nubes sutiles. Crean una niebla, y se pierde la claridad. Cuando los pensamientos desaparecen, cuando ya no hay nubes rodeándote, cuando existes sencillamente en tu ser, la claridad sucede. Entonces puedes ver a lo lejos; entonces puedes ver hasta el final de la existencia; entonces tu mirada se vuelve penetrante, hasta el centro mismo del ser.

La meditación es claridad, absoluta claridad de visión. No puedes pensar en ello. Tienes que dejar de pensar. Cuando digo: «Tienes que dejar de pensar», no tomes conclusiones rápidamente, porque tengo que utilizar el lenguaje. Así que digo: «Deja de pensar», pero si empiezas a dejar, no comprendes, porque de nuevo la estás reduciendo a hacer algo.

«Deja de pensar» significa simplemente que no hagas nada. Siéntate. Deja que los pensamientos se asienten por sí mismos. Deja que la mente cese por sí misma. Tú simplemente te sientas mirando a la pared, en un rincón silencioso, sin hacer nada en absoluto. Relajado. Suelto. Sin ningún esfuerzo. Sin ir a ninguna parte. Como si te estuvieras durmiendo despierto, estás despierto y estás relajado, pero todo tu cuerpo se está durmiendo. Tú permaneces alerta por dentro, pero todo el cuerpo entra en una profunda relajación.

Los pensamientos se asientan por sí mismos, no necesitas meterte entre ellos, no necesitas intentar arreglarlos. Es como si el agua de un arroyo se hubiera llenado de barro..., ¿qué haces? No te tiras al arroyo y empiezas a tratar de ayudarlo a aclararse, ¿verdad? Así lo embarrarás más. Simplemente te sientas a la orilla. Esperas. No hay nada que hacer. Porque cualquier cosa que hagas embarrará más el arroyo. Si alguien ha pasado por el arroyo y han salido las hojas muertas a la superficie y se ha levantado el barro, lo único que se necesita es paciencia. Simplemente te sientas a la orilla. Observa, con indiferencia. Y según vaya fluyendo el arroyo, se llevará las hojas muertas, y el barro comenzará a asentarse, porque no puede estar flotando para siempre.

Después de un rato, de pronto te darás cuenta, el arroyo está cristalino de nuevo.

Siempre que pasa un deseo por tu mente, el arroyo se embarra. Así que, simplemente, siéntate. No intentes hacer nada. En Japón, este «simplemente sentarse» se llama *zazen*: simplemente sentarse y no hacer nada. Y un día sucede la meditación. No es que tú la traigas; viene a ti. Y cuando viene, la reconoces inmediatamente. Siempre ha estado ahí, pero no estabas mirando en la dirección correcta. El tesoro estaba dentro de ti, pero tú estabas ocupado en otra parte: en los pensamientos, en los deseos, en mil y una cosas. No estabas interesado en una única cosa... tu propio ser.

Cuando la energía va hacia dentro –cuando tu energía vuelve a la fuente– de pronto se alcanza la claridad. Entonces puedes ver las nubes a mil millas de distancia, y puedes oír música antigua en los pinos. Entonces todo está disponible para ti[1].

La meditación es una aventura, una aventura en lo desconocido, la mayor aventura que pueda tomar la mente humana... La meditación es simplemente ser, sin hacer nada, ninguna acción, ningún pensamiento, ninguna emoción. Simplemente eres. Y es un puro deleite. ¿De dónde viene este deleite cuando no estás haciendo nada? Viene de ninguna parte, o viene de todas partes. No tiene causa, porque la existencia está hecha del material que llamamos alegría[2].

La meditación sólo te hace consciente de tu potencial, lo que puedes ser, lo que puedes hacer, lo que no has hecho, lo que no has usado. Los psicólogos dicen que el hombre sólo está usando el 5 por 100 de su potencial. ¡Qué desperdicio!, sólo el 5 por 100. El 95 por 100 se ha ido a la basura por no usarlo; y la gente quiere vivir mucho tiempo. ¿Para qué?

Puedes vivir muy intensamente en esta corta vida si usas el 100

---

[1] *Ancient Music in the Pines*, cap. 7.
[2] *I Am the Gate*, cap.5.

por 100 de tu potencial. Será mejor que vivir diez mil años usando sólo el 5 por 100 de tu potencial. Vivir sólo setenta años es suficiente si usas el 100 por 100 de tu potencial, ¡te volverás una llama de alegría![3]

Cuando no estás haciendo nada en absoluto –corporalmente, mentalmente, a ningún nivel–, cuando ha cesado toda actividad y simplemente eres puro ser, eso es la meditación. No puedes hacerla, no puedes practicarla; sólo tienes que comprenderla.

Siempre que puedas, encuentra algún rato para simplemente ser, deja todo el hacer. Pensar también es hacer, la concentración también es hacer. Si aunque sea por un solo momento no haces nada y estás simplemente en tu centro, completamente relajado, eso es meditación. Y una vez que le hayas cogido el tranquillo, puedes permanecer en ese estado todo el tiempo que quieras. Al final, puedes permanecer en ese estado las veinticuatro horas del día.

Una vez que te hayas dado cuenta de la manera en que tu ser puede permanecer sereno, lentamente puedes empezar a hacer cosas, manteniéndote alerta para que tu ser no se agite. Esta es la segunda parte de la meditación. Primero, aprender simplemente a ser, y luego aprender a realizar pequeñas acciones: limpiar el suelo, tomar una ducha, pero permaneciendo centrado. Luego podrás hacer cosas complicadas.

Por ejemplo, yo os estoy hablando, pero mi meditación permanece sin perturbar. Puedo seguir hablando, pero en mi centro no hay ni una pequeña oscilación; está en silencio, en silencio absoluto.

Así que la meditación no está contra la acción. No es que tengas que escaparte de la vida. Simplemente te enseña una nueva manera de vivir: te vuelves el centro del ciclón.

Tu vida continúa, y continúa mucho más intensamente –con más alegría, con más claridad, más visión, más creatividad– y, sin embargo, tú mantienes una distancia, como alguien que observa

---

[3] *Hallelujah!*, cap. 31.

desde una colina, simplemente viendo todo lo que sucede a tu alrededor. No eres el que hace, eres el que observa.

Ese es todo el secreto de la meditación, que te vuelves el que observa. La acción continúa a su propio nivel, no hay problema: cortar madera, sacar agua del pozo. Puedes hacer todo tipo de cosas pequeñas y grandes; sólo hay una cosa que no está permitida: que pierdas tu centro.

Esa conciencia, esa vigilancia, debería permanecer absolutamente despejada, sin interrupción. La meditación es un fenómeno muy sencillo[4].

*¿Puedes explicar los pasos básicos que conducen al estado supremo de la conciencia meditativa?*

El primer paso en la conciencia es ser muy consciente de tu cuerpo. Muy poco a poco, uno se vuelve alerta ante cada gesto, cada movimiento. Y según te vas volviendo alerta, empieza a suceder un milagro: muchas cosas que antes solías hacer, simplemente desaparecen. Tu cuerpo se vuelve más relajado, tu cuerpo se armoniza más, una profunda paz empieza a prevalecer incluso en tu cuerpo, una música sutil vibra en tu cuerpo.

Entonces, empieza a tomar conciencia de tus pensamientos; hay que hacer lo mismo con los pensamientos. Son más sutiles que el cuerpo y, por supuesto, también más peligrosos.

Y cuando tomes conciencia de tus pensamientos, te sorprenderá ver lo que sucede en tu interior. Si escribes lo que pasa en cualquier momento, será una gran sorpresa. No podrás creer que esto es lo que pasa dentro de ti. Escribe durante unos diez minutos. Cierra la puerta, cierra con llave puertas y ventanas para que no entre nadie, para que puedas ser totalmente honesto, ¡y mantén la chimenea encendida para poder tirarlo al fuego!, para que nadie lo sepa más que tú. Y sé completamente honesto, escribe todo lo que te pasa por la mente.

---

[4] *From Misery to Enlightenment*, cap. 2.

Después de diez minutos, léelo, ¡verás que llevas dentro una mente loca! Como no nos damos cuenta, toda esta locura sigue pasando como una corriente de fondo. Afecta todo lo que haces, afecta todo lo que no haces; lo afecta todo. ¡Y su suma total va a ser tu vida! Tienes que cambiar a este loco. Y el milagro de la conciencia es que no necesitas hacer nada más que ser consciente.

El mero fenómeno de observarlo, lo cambia. Lentamente, el loco desaparece, lentamente, los pensamientos empiezan a caer en ciertos patrones; ya no son un caos, empiezan a ser un cosmos. Y, de nuevo, prevalece una paz profunda. Y cuando tu cuerpo y tu mente estén en paz verás que también se han armonizado entre ellos, que hay un puente. Ya no van en direcciones diferentes, no van montados en caballos diferentes. Por primera vez hay acuerdo, y ese acuerdo ayuda inmensamente a trabajar en el tercer paso: el de tomar conciencia de tus sentimientos, emociones, humores.

Esta es la etapa más sutil y la más difícil, pero si puedes tomar conciencia de los pensamientos, este es sólo un paso más. Necesitas un poco más de conciencia intensa al empezar a reflejar tus humores, tus emociones, tus sentimientos.

Una vez que eres consciente de los tres –cuerpo, pensamientos y emociones–, se unen para formar un solo fenómeno. Y cuando los tres son uno, funcionando juntos perfectamente, vibrando juntos, sentirás la música de los tres; se han vuelto una orquesta. Entonces sucede el cuarto, que no lo puedes hacer, sucede por sí mismo. Es un regalo de la totalidad. Es una recompensa para los que han hecho estos tres.

Y el cuarto es la conciencia suprema que te despierta. Uno toma conciencia de su propia conciencia, eso es el cuarto. Eso te hace un buda, un ser despierto. Y sólo en ese despertar uno llega a saber lo que es la dicha. El cuerpo conoce el placer, la mente conoce la felicidad, el corazón conoce la alegría, el cuarto conoce la dicha. La dicha es la meta de *sannyas*, de ser un buscador, y la conciencia es el camino hacia ella[5].

---

[5] *The Old Pond... Plop!*, cap. 22.

## ¿Necesitamos meditaciones especiales para las mujeres?

No. La meditación tiene que ver con tu conciencia, y la conciencia no es ni hombre ni mujer. Esta es una de las cosas fundamentales que quiero que el mundo comprenda.

Todas las religiones han negado a la mujer la posibilidad del crecimiento espiritual, pensando que su cuerpo es diferente, que su biología es diferente: ella no será capaz de alcanzar el florecimiento supremo de la conciencia. Pero es extraño que durante tantos siglos nadie haya indagado: ¿quién alcanza el florecimiento supremo, el cuerpo, la mente o la conciencia?

El cuerpo es diferente. Si el cuerpo entrase en meditación, entonces desde luego que habría necesidad de meditaciones diferentes para las mujeres que para los hombres. Como el cuerpo no tiene que ver con la meditación, no hay que hacer diferencias. Por ejemplo, en el yoga, en el que el cuerpo es muy importante –todas las posturas de yoga están basadas básicamente en la fisiología–, hay muchas posturas que no son adecuadas para el cuerpo de una mujer, y hay muchas otras que son más adecuadas para el cuerpo de una mujer que para el de un hombre. Así que el yoga puede hacer una distinción: yoga para hombres, yoga para mujeres.

La mente también es diferente. El hombre piensa lógicamente, lingüísticamente. A la mujer le afectan más las emociones, los sentimientos, que no son verbales. Por eso tiende a no querer discutir lógicamente. Más bien preferiría gritar y luchar, llorar y gemir. Así ha sido durante siglos, y así gana, porque el hombre simplemente se siente avergonzado. Puede que él tenga razón lógicamente, pero la mujer no funciona lógicamente.

De forma que si la meditación tuviera que ver con la mente, también entonces habría un tipo diferente de meditación para las mujeres que para los hombres. Pero la meditación tiene que ver con el centro más esencial de tu ser, que no se puede dividir en masculino o femenino.

La conciencia es simplemente conciencia. Un espejo es un espejo. No es hombre, no es mujer. Simplemente refleja.

La conciencia es exactamente igual que un espejo que refleja. Y meditación es permitir que tu espejo refleje, que simplemente refleje la mente en acción, el cuerpo en acción. No importa que se trate del cuerpo de un hombre o de una mujer; no importa cómo funcione la mente, emocional o lógicamente. Cualquiera que sea el caso, la conciencia simplemente tiene que estar alerta. Esa vigilancia, esa conciencia, es la meditación.

Así que en meditación no es posible ninguna diferencia entre el hombre y la mujer[6].


*¿Puedes hablar de la meditación como proceso de «limpieza»?*

La meditación es un proceso de librarse de todo el pasado, de librarse de todas las enfermedades, de librarse de todo el pus que se ha acumulado en ti.

Es doloroso, pero es una limpieza, y no hay otra manera de limpiarte[7].


Todas las meditaciones no son más que estratagemas para purificar tu ser interno. Toda la ciencia de la religión tiende hacia un objetivo: cómo purificar el ser interno del hombre, cómo soltar el pasado, la carga, lo muerto, lo embotado, cómo volver al hombre más sensible. Cuanto más profunda sea la sensibilidad, más profundamente entramos en la existencia. Y Dios es el centro mismo de la existencia. A no ser que entremos en nuestro propio centro

---

[6] *Light on the Path*, cap. 35.
[7] *Walking in Zen, Sitting in Zen*, cap. 14.

no existe ninguna posibilidad de entrar en contacto con la fuente de toda la vida[8].

Lo primero que se necesita es una catarsis. La catarsis saca todo lo malo que hay dentro de ti, todo lo reprimido. Expulsas todas tus represiones, las liberas. Pero hay que añadir muchas cosas nuevas a los métodos tradicionales, como el hatha yoga –¡han pasado dos mil años desde que se creó!–, y esta catarsis, en mi opinión, es lo más importante que hay que añadir. Para Occidente, hay que crear muchas cosas nuevas, hay que concebir y probar muchas cosas nuevas. Yo mismo estoy probando muchas cosas[9].

*¿Por qué haces hincapié en las meditaciones caóticas en vez de en las sistemáticas?*

Utilizo métodos caóticos en vez de sistemáticos porque un método caótico es muy útil para derribar el centro del cerebro. El centro no se puede derribar mediante ningún método sistemático porque la sistematización es trabajo del cerebro. Mediante un método sistemático, el cerebro se fortalecerá; se le dará más energía.

Mediante los métodos caóticos, el cerebro se anula. No tiene nada que hacer. El método es tan caótico que automáticamente el centro se va del cerebro al corazón. Si practicas mi método de meditación dinámica vigorosamente, sin sistema, caóticamente, tu centro se va al corazón. Entonces hay una catarsis.

Se necesita una catarsis porque tu corazón está muy reprimido debido a tu cerebro. Tu cerebro se ha apoderado tanto de tu ser que te domina. No hay sitio para el corazón, así que los anhelos del corazón se reprimen. Nunca te has reído totalmente, nunca has vivido totalmente, nunca has hecho nada totalmente. El cerebro

---

[8] *Let Go!*, cap. 6.
[9] *The Eternal Quest*, cap. 4.

siempre entra para sistematizar, para hacer que todo sea matemático, y se reprime el corazón.

Así que, lo primero, se necesita un método caótico para empujar al centro de conciencia desde el cerebro al corazón. Luego se necesita la catarsis para desahogar el corazón, para expulsar las represiones, para abrir el corazón. Si el corazón se ha vuelto ligero y abierto, entonces se empuja el centro de conciencia aún más hacia abajo; llega al ombligo. El ombligo es la fuente de vitalidad, la semilla de la que sale todo lo demás: el cuerpo y la mente y todo.

Utilizo este método caótico con mucha consideración. La metodología sistemática no servirá ahora, porque el cerebro la usará como su propio instrumento. Y tampoco el simple canto de *bhajans*[10] servirá ahora, porque el corazón está tan cargado de represiones que no puede florecer en un canto auténtico. El canto sólo puede ser un escape ahora; la oración sólo puede ser un escape. El corazón no puede florecer en oración porque está agobiado de represiones. No he visto ni una sola persona que pueda entrar profundamente en oración auténtica. La oración es imposible porque el amor mismo se ha vuelto imposible.

Hay que empujar a la conciencia hasta la fuente, hasta las raíces. Sólo entonces hay una posibilidad de transformación. Así que utilizo métodos caóticos para empujar la conciencia desde el cerebro hacia abajo.

Cuando estás en un caos, el cerebro deja de funcionar. Por ejemplo, si estás conduciendo un coche y de repente alguien corre delante del coche, reaccionas tan súbitamente que no puede ser obra del cerebro. El cerebro necesita tiempo. Piensa en lo que hacer y en lo que no hacer. Así que siempre que hay la posibilidad de un accidente y frenas, sientes algo cerca del ombligo, como si fuera tu estómago el que reacciona. Tu conciencia va al ombligo a causa del accidente. Si el accidente se pudiera calcular de antemano, el cerebro sería capaz de afrontarlo; pero cuando estás en un accidente, sucede algo desconocido. Y te das cuenta de que tu conciencia se ha ido al ombligo.

---

[10] *Bhajans*: canciones devocionales hindúes. *(N. del T.)*

Si preguntas a un monje zen: «¿Desde dónde piensas?», él pone la mano en el vientre. Cuando los occidentales entraron en contacto con los monjes japoneses por vez primera, no podían entenderlo. «¡Qué tontería! ¿Cómo vas a pensar desde el vientre?» Pero la respuesta zen es significativa. La conciencia puede usar cualquier centro del cuerpo, y el centro que está más cerca de la fuente original es el ombligo. El cerebro es el más lejano de la fuente original, de forma que si la energía vital va hacia fuera, el centro de conciencia será el cerebro. Y si la energía vital va hacia dentro, al final el ombligo será el centro.

Se necesitan métodos caóticos para empujar la conciencia a sus raíces, porque la transformación sólo es posible desde las raíces. De otra forma, seguirás verbalizando y no habrá transformación. No es suficiente saber lo que está bien. Tienes que transformar las raíces; si no, no cambiarás...

Tal como yo veo la situación, el hombre moderno ha cambiado tanto que necesita nuevos métodos, nuevas técnicas. Los métodos caóticos ayudarán a la mente moderna, porque ella misma es caótica. Este caos, esta rebeldía del hombre moderno es, en realidad, una rebelión de otras cosas: del cuerpo en contra de la mente y en contra de sus represiones. Si hablamos en términos yóguicos, podemos decir que es la rebelión del centro del corazón y del centro del ombligo contra el cerebro.

Estos centros están contra el cerebro porque éste ha monopolizado todo el territorio del alma humana. Esto ya no se puede tolerar más. Por eso las universidades se han vuelto centros de rebelión. No es accidental. Si consideramos toda la sociedad como un cuerpo orgánico, entonces la universidad es la cabeza, el cerebro.

A causa de la rebeldía de la mente moderna, tiende a ser indulgente con los métodos informales y caóticos. La meditación dinámica ayudará a sacar del cerebro el centro de conciencia. Y entonces quien la utilice no será rebelde, porque la causa de la rebelión se satisfará. Estará tranquilo.

Así que, para mí, la meditación no es sólo una salvación para el individuo, una transformación del individuo; también puede pro-

porcionar el trabajo preparatorio para la transformación de toda la
sociedad, del ser humano como tal. El hombre, o tendrá que suicidarse o tendrá que transformar su energía[11].

*He oído hablar de la meditación como una ciencia y, a
veces, como un arte. ¿Cómo la ves tú?*

La meditación es cogerle el tranquillo. No es una ciencia, no es
un arte, no es una destreza; es cogerle el tranquillo. Todo lo que se
necesita es cogerle el tranquillo a entrar en un silencio espontáneo. El silencio se puede cultivar, pero un silencio cultivado no es
un silencio verdadero; es tan sólo reprimir tus pensamientos, tu
agitación, y sentarte sobre ellos. Pero el volcán sigue ahí y de alguna forma te las estás arreglando para mantenerlo bajo control.
Ese silencio no es muy profundo; no puede serlo. Eso es lo que mucha gente sigue haciendo y lo llama meditación, oración: simplemente reprimen su proceso de pensamientos y los pensamientos
continúan por debajo; simplemente se vuelven subterráneos, eso
es todo. Desaparecen de la superficie y empiezan a moverse por debajo, pero siguen ahí. Sólo un momento de despiste y volverán a
salir. Toma demasiada energía reprimirlos, y es inútil.

La verdadera meditación consiste en cogerle el tranquillo, no
es un arte, el tranquillo de entrar en un silencio espontáneo. Lo
que quiero decir exactamente es: si observas, veinticuatro horas al
día, todos los días, encontrarás algunos momentos en los que entras automáticamente en silencio. Llegan por sí mismos; es sólo
que no los hemos observado. Así que lo primero de lo que hay que
darse cuenta es de cuándo llegan estos momentos... y cuando lleguen, simplemente deja todo lo que estés haciendo. Siéntate en silencio, fluye con el momento. Ha llegado naturalmente, no lo has
forzado, así que no se trata de una represión; simplemente estás
permitiéndole que te posea. Y llegan..., son naturales; siempre se

---

[11] *The Psychology of the Esoteric*, cap. 4.

abren algunas ventanas por sí mismas, pero estamos tan ocupados que nunca vemos que se ha abierto una ventana y que está entrando la brisa y que ha entrado el Sol; estamos tan ocupados con nuestro trabajo.

No se puede forzar que estas aberturas sucedan en un período determinado, pero la gente trata de hacer meditación en un período determinado, y a veces, muy raramente, hay una coincidencia; si no, nunca sucede. Conviertes tu meditación en un ritual.

Así que observa... por la mañana temprano, cuando aún estés fresco después de un largo y profundo sueño y el mundo esté despertándose y los pájaros hayan empezado a cantar y esté saliendo el Sol... si sientes que te rodea un momento, que crece un espacio en ti, entra en él. Siéntate en silencio bajo un árbol, a la orilla del río, o en tu habitación, y simplemente sé... nada que hacer. Celebra ese espacio, y no trates de prolongarlo. Cuando desaparezca, levántate; olvídalo. Tienes que hacer muchas otras cosas. Y no lo añores, vendrá de nuevo por sí mismo; siempre llega sin invitación. Es muy tímido: si lo invitas, nunca viene; si lo persigues, desaparece.

Es muy delicado y muy tímido; es muy femenino, ese espacio llamado meditación, pero viene. Si puedes esperar pacientemente, viene, y muchas veces al día.

A veces, por la noche, cuando todo se ha vuelto silencioso, de pronto está ahí; entonces sumérgete en él. Y a veces sucede incluso en el mercado, cuando hay ruido por todas partes. Está ahí y te sientes transportado. Entonces hay un silencio divino. No ha sido creado por ti, sino que es un regalo de Dios, *prasad;* es la gracia.

Y una vez que le hayas cogido el tranquillo, vendrá más y más. Entonces empiezas a entrar en una especie de armonía con él. Comienza una historia de amor entre tú y ese espacio llamado silencio, serenidad, tranquilidad, quietud. Y el lazo se hace más y más profundo. Por último, definitivamente, siempre está ahí. Siempre puedes cerrar los ojos un momento y mirarlo; está ahí. Casi puedes tocarlo, se vuelve tangible. Pero es cogerle el tranquillo, no es un arte. No puedes aprenderlo... tienes que embeberte en él[12].

---

[12] *The Tongue-Tip Taste of Tao*, cap. 17.

*¿Cuál es la forma correcta de meditar?*

Me estás preguntando por la meditación correcta. La tarea primera y más primaria es limpiar tu ser interior de todos los pensamientos. No se trata de elegir quedarse con los pensamientos buenos y expulsar los malos. Para un meditador, todos los pensamientos son simplemente basura; no es cuestión de buenos y malos. Todos ellos ocupan el espacio dentro de ti, y a causa de esta ocupación, tu ser interno no puede estar completamente en silencio. Así que los buenos pensamientos son tan malos como los malos; no hagas ninguna distinción entre ellos. ¡Tira la casa por la ventana!

La meditación necesita absoluta quietud, un silencio tan profundo que nada se agite en tu interior. Una vez que comprendes exactamente lo que significa la meditación, no es difícil alcanzarla. Es nuestro derecho de nacimiento; somos perfectamente capaces de tenerla. Pero no puedes tener las dos: la mente y la meditación.

La mente es un trastorno. La mente no es otra cosa que una locura normal.

Tienes que ir más allá de la mente, a un espacio en el que nunca ha entrado un pensamiento, en el que no funciona la imaginación, en el que no surge ningún sueño, en el que simplemente eres nadie.

Es más una comprensión que una disciplina. No es que tengas que hacer mucho; por el contrario, no tienes que hacer nada excepto comprender claramente qué es la meditación. Esa comprensión misma detendrá el funcionamiento de la mente. Esa comprensión es casi como un señor ante el que los criados dejan de discutir entre sí, o incluso de hablar entre sí; de pronto entra el señor en casa y hay silencio. Todos los criados empiezan a estar ocupados, al menos a mostrar que están ocupados. Justo un momento antes, estaban todos riñendo y peleándose y discutiendo, y nadie hacía nada.

Comprender lo que es la meditación es invitar a que entre el señor. La mente es una criada. En cuanto entra el señor con todo su silencio, con toda su alegría, de pronto la mente entra en un silencio absoluto.

Una vez que has alcanzado un espacio meditativo, la iluminación es sólo cuestión de tiempo. No puedes forzarla. Sólo tienes que ser una espera, una intensa espera, con gran anhelo, casi como una sed, un hambre, no una palabra...

En la meditación, el anhelo se vuelve una sed de iluminación y una paciente espera, porque es un fenómeno tan grande y tú eres tan diminuto... Tus manos no pueden alcanzarla; no está a tu alcance. Vendrá y te desbordará, pero no puedes hacer nada para traerla a ti. Eres demasiado pequeño, tus energías son demasiado pequeñas. Pero cuando estás esperando realmente con paciencia y anhelo y pasión, viene. En el momento apropiado, viene. Siempre ha venido [13].

---

[13] *The New Dawn*, cap. 16.

# Acerca del autor

Resulta difícil clasificar las enseñanzas de Osho, que abarcan desde la búsqueda individual hasta los asuntos sociales y políticos más urgentes de la sociedad actual. Sus libros no han sido escritos, sino transcritos a partir de las charlas improvisadas que ha dado en público en el transcurso de treinta y cinco años. El londinense *The Sunday Times* ha descrito a Osho como uno de los «mil creadores del siglo xx», y el escritor estadounidense Tom Robbins como «el hombre más peligroso desde Jesucristo».

Acerca de su trabajo, Osho ha dicho que está ayudando a crear las condiciones para el nacimiento de un nuevo tipo de ser humano. A menudo ha caracterizado a este ser humano como Zorba el Buda: capaz de disfrutar de los placeres terrenales, como Zorba el griego, y de la silenciosa serenidad de Gautama Buda. En todos los aspectos de la obra de Osho, como un hilo conductor, aparece una visión que conjuga la intemporal sabiduría oriental y el potencial, la tecnología y la ciencia occidentales.

Osho también es conocido por su revolucionaria contribución a la ciencia de la transformación interna, con un enfoque de la meditación que reconoce el ritmo acelerado de la vida contemporánea. Sus singulares «meditaciones activas» están destinadas a liberar el estrés acumulado en el cuerpo y la mente, y facilitar así el estado de la meditación, relajado y libre de pensamientos.

# Osho® Meditation Resort

El *Meditation Resort* fue creado por Osho con el fin de que las personas puedan tener una experiencia directa y personal con una nueva forma de vivir, con una actitud más atenta, relajada y divertida. Situado a unos ciento sesenta kilómetros al sudeste de Bombay, en Puna, India, el centro ofrece diversos programas a los miles de personas que acuden a él todos los años procedentes de más de cien países.

Desarrollada en principio como lugar de retiro para los marajás y la adinerada colonia británica, Puna es en la actualidad una ciudad moderna y próspera que alberga numerosas universidades e industrias de alta tecnología. El *Meditation Resort* se extiende sobre una superficie de más de dieciséis hectáreas, en una zona poblada de árboles conocida como Koregaon Park. Ofrece alojamiento de lujo para un número limitado de huéspedes, y en las cercanías existen numerosos hoteles y apartamentos privados para estancias desde varios días hasta varios meses.

Todos los programas del centro se basan en la visión de Osho de un ser humano cualitativamente nuevo, capaz de participar concreatividad en la vida cotidiana y de relajarse con el silencio y la meditación. La mayoría de los programas se desarrollan en instalaciones modernas, con aire acondicionado, y entre ellos se cuentan sesiones individuales, cursos y talleres, que abarcan desde las artes creativas hasta los tratamientos holísticos, pasando por la transformación y terapia personales, las ciencias esotéricas, el enfoque zen de los deportes y otras actividades recreativas, problemas de relación y transiciones vitales importantes para hombres y mujeres. Durante todo el año se ofrecen sesiones indivi-

duales y talleres de grupo, junto con un programa diario de meditaciones.

Los cafés y restaurantes al aire libre del *Meditation Resort* sirven cocina tradicional india y platos internacionales, todos ellos
confeccionados con vegetales orgánicos cultivados en la granja de
la comuna. El complejo tiene su propio suministro de agua filtrada.

## PARA MÁS INFORMACIÓN

Para obtener más información sobre cómo visitar este centro de la
India, o conocer más sobre Osho y su obra, se puede consultar
*www.osho.com*, amplio sitio web en varias lenguas que incluye un
recorrido por el *Meditation Resort* y un calendario de los cursos
que ofrece, un catálogo de libros y cintas, una lista de los centros
de información sobre Osho de todo el mundo y una selección de
sus charlas. También puede dirigirse a Osho International, Nueva
York, *oshointernational@oshointernational.com*.